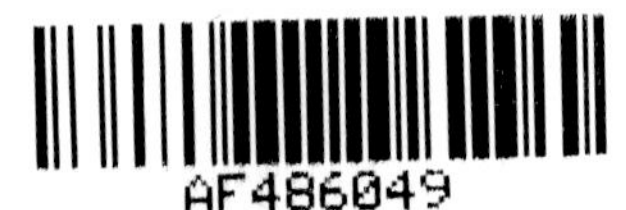

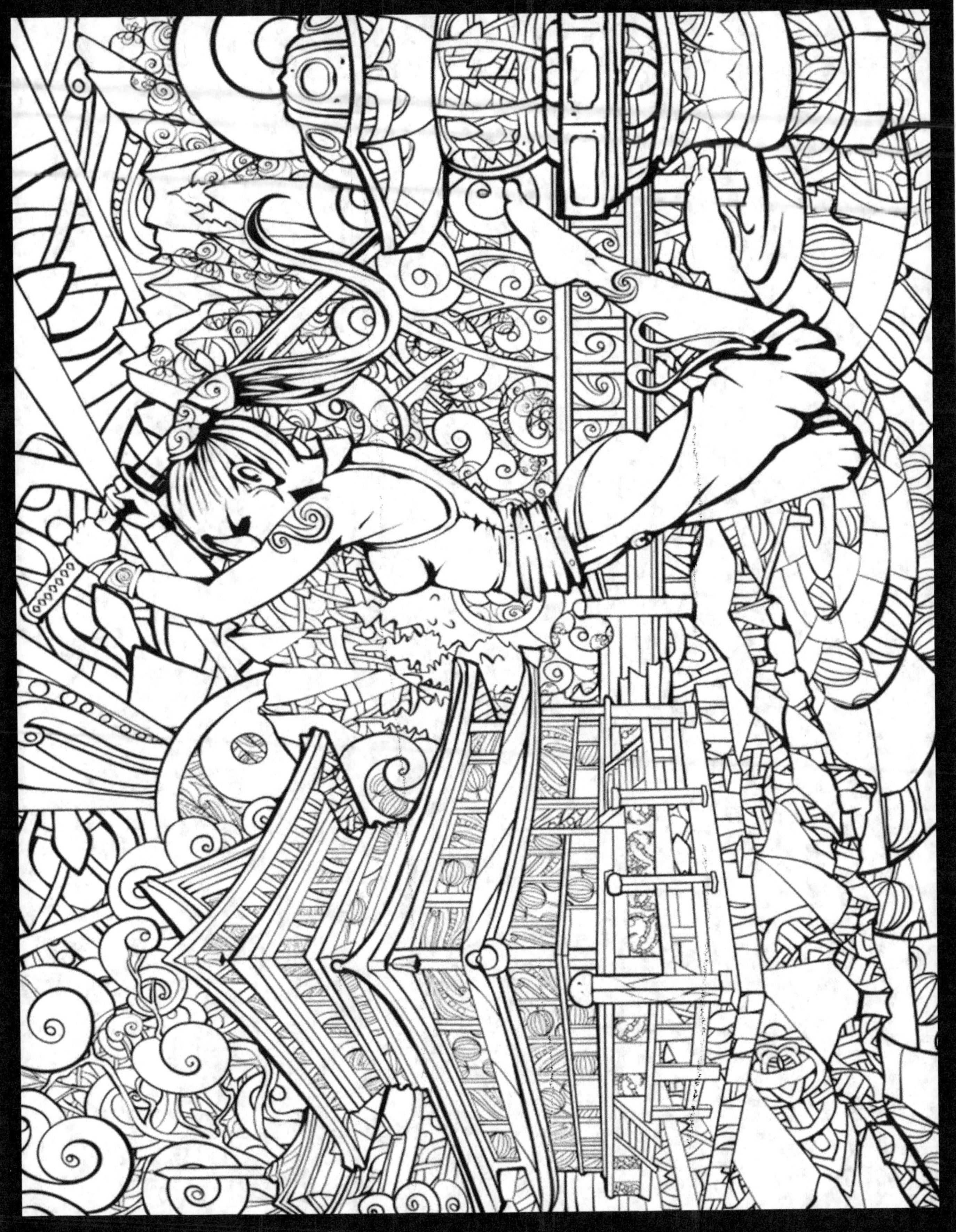

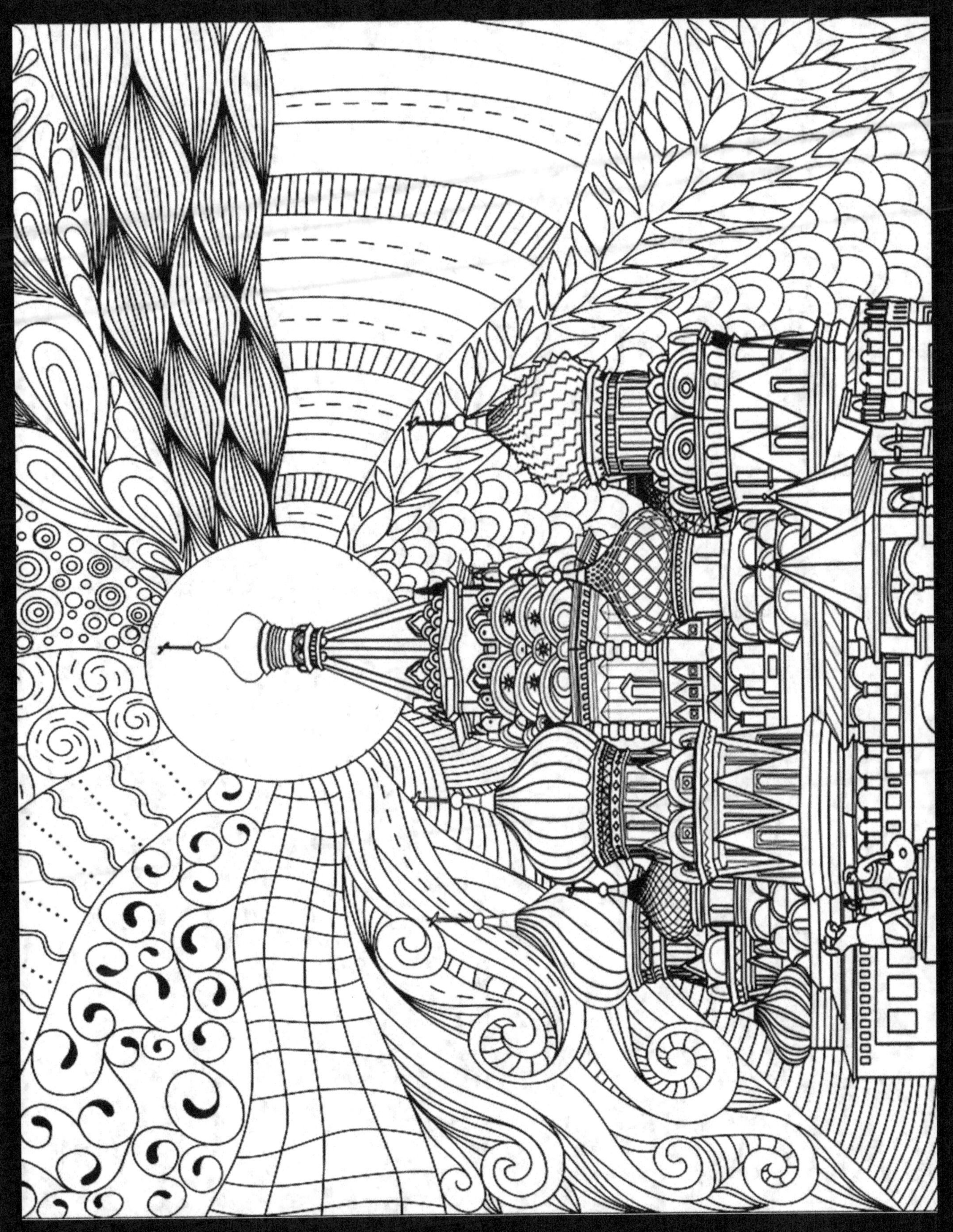

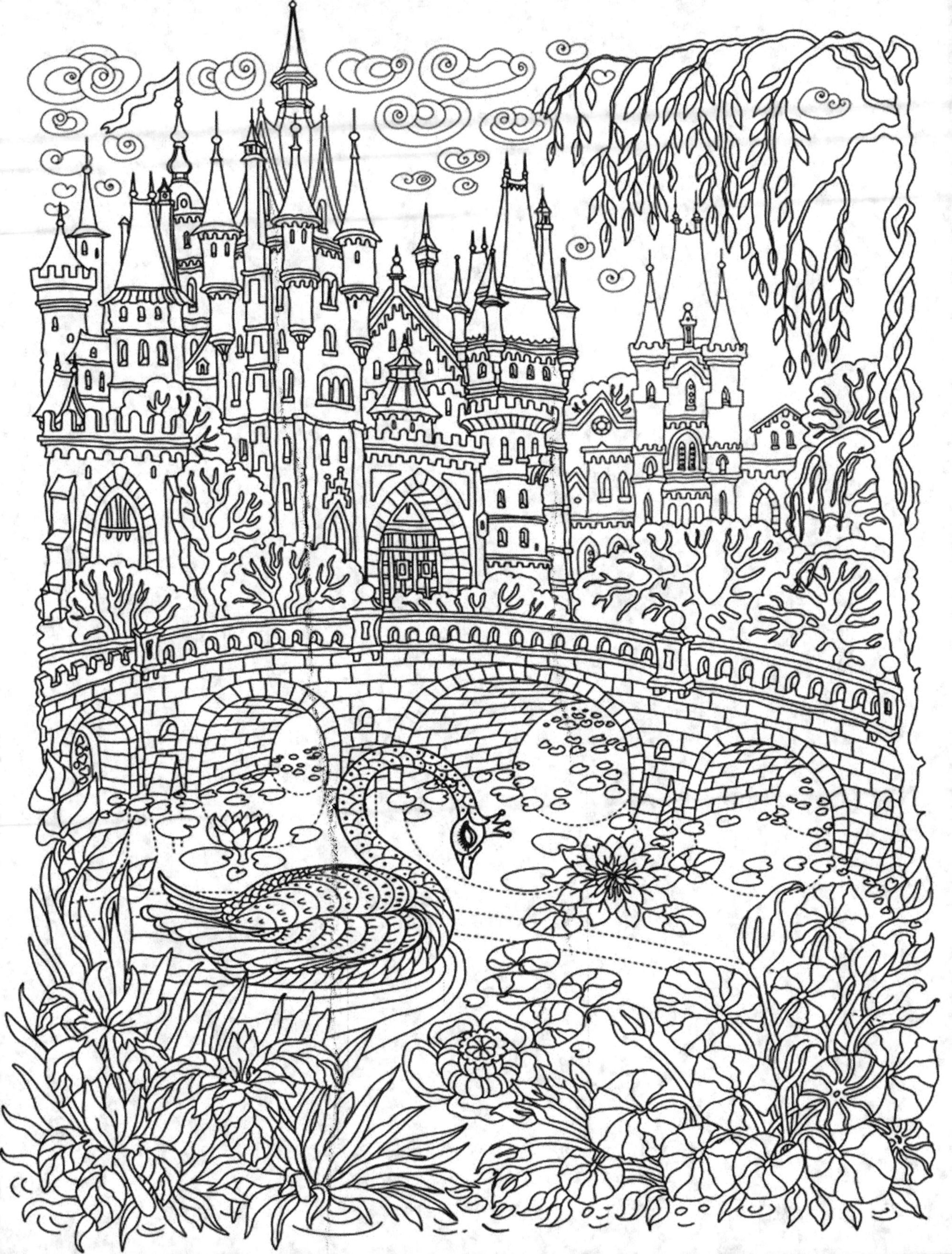

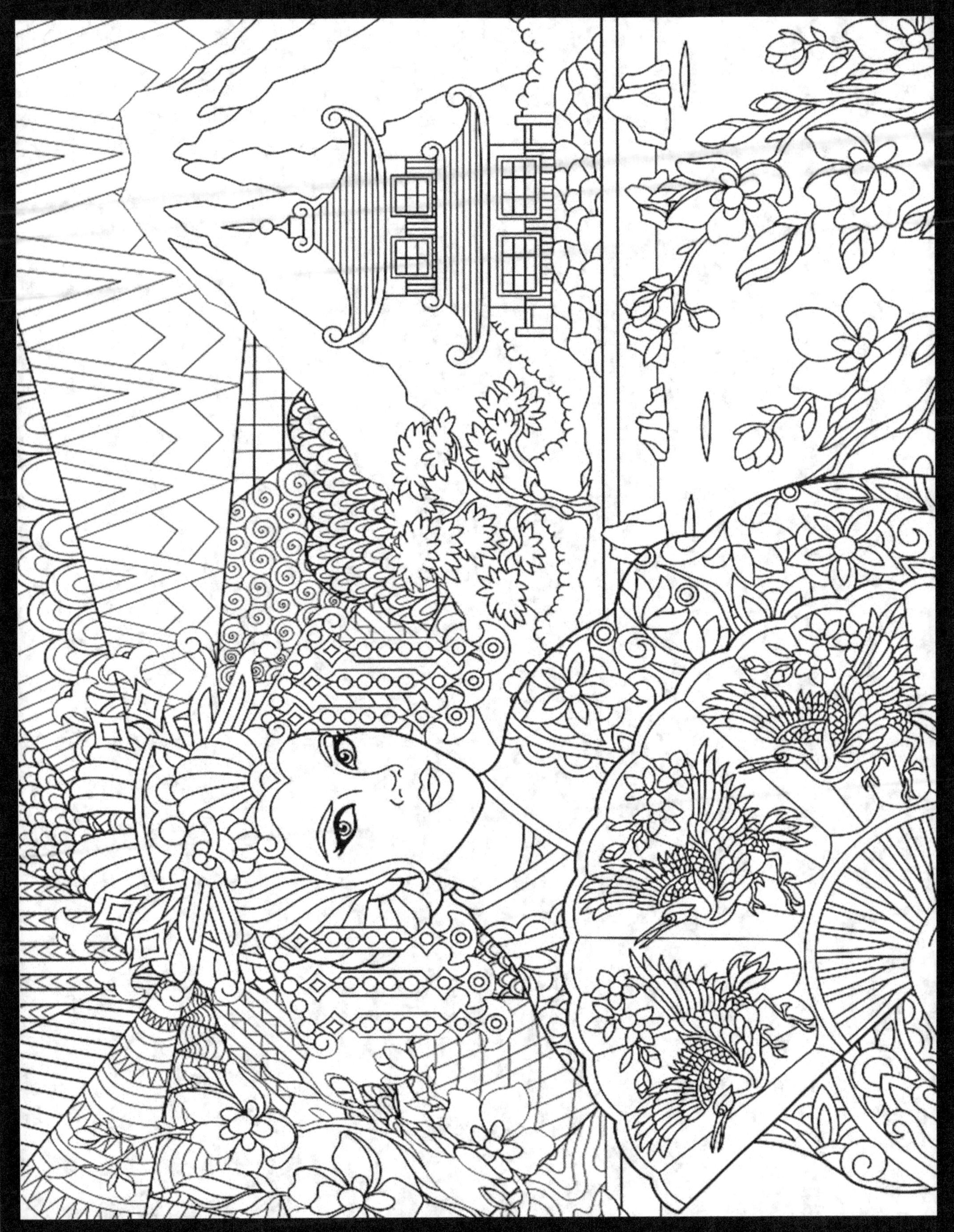

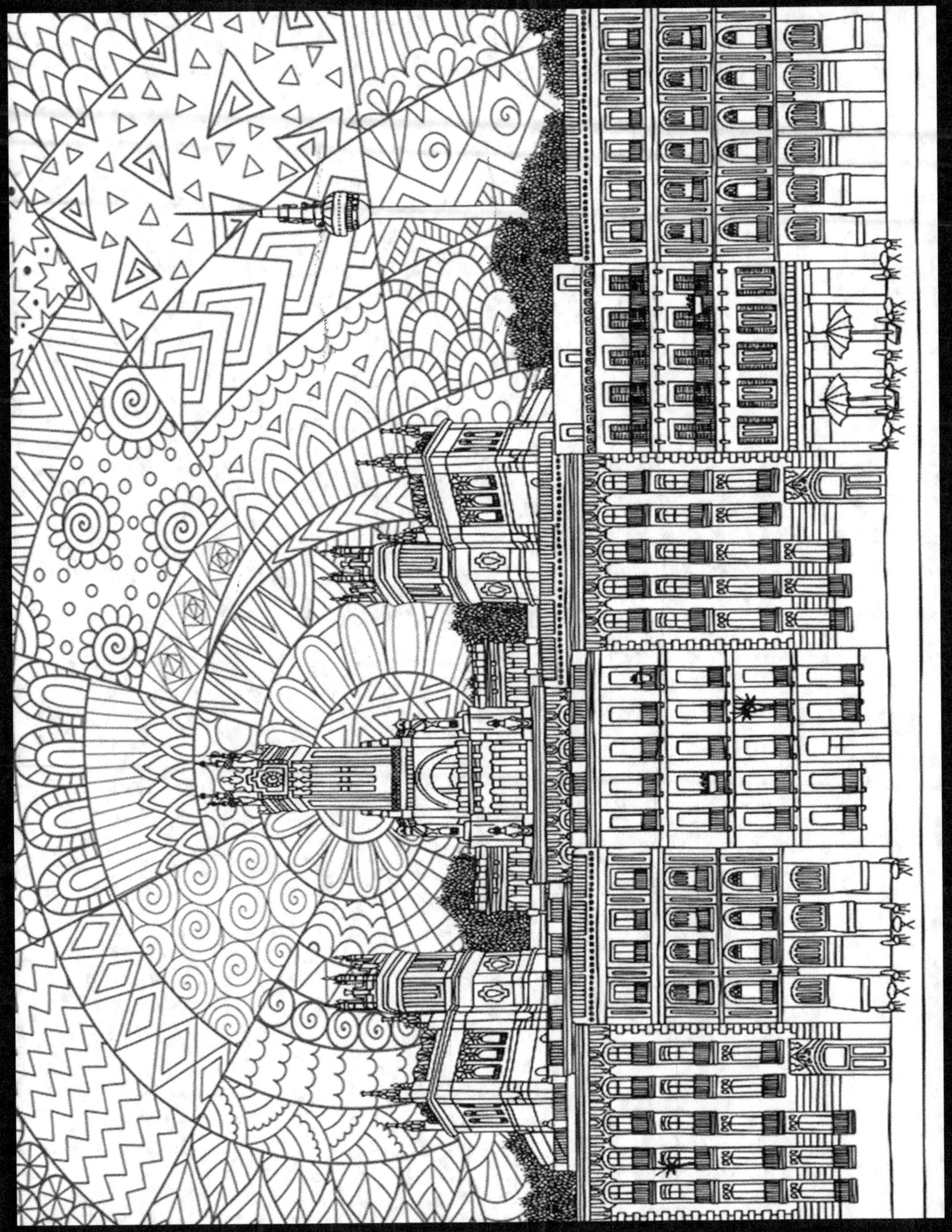

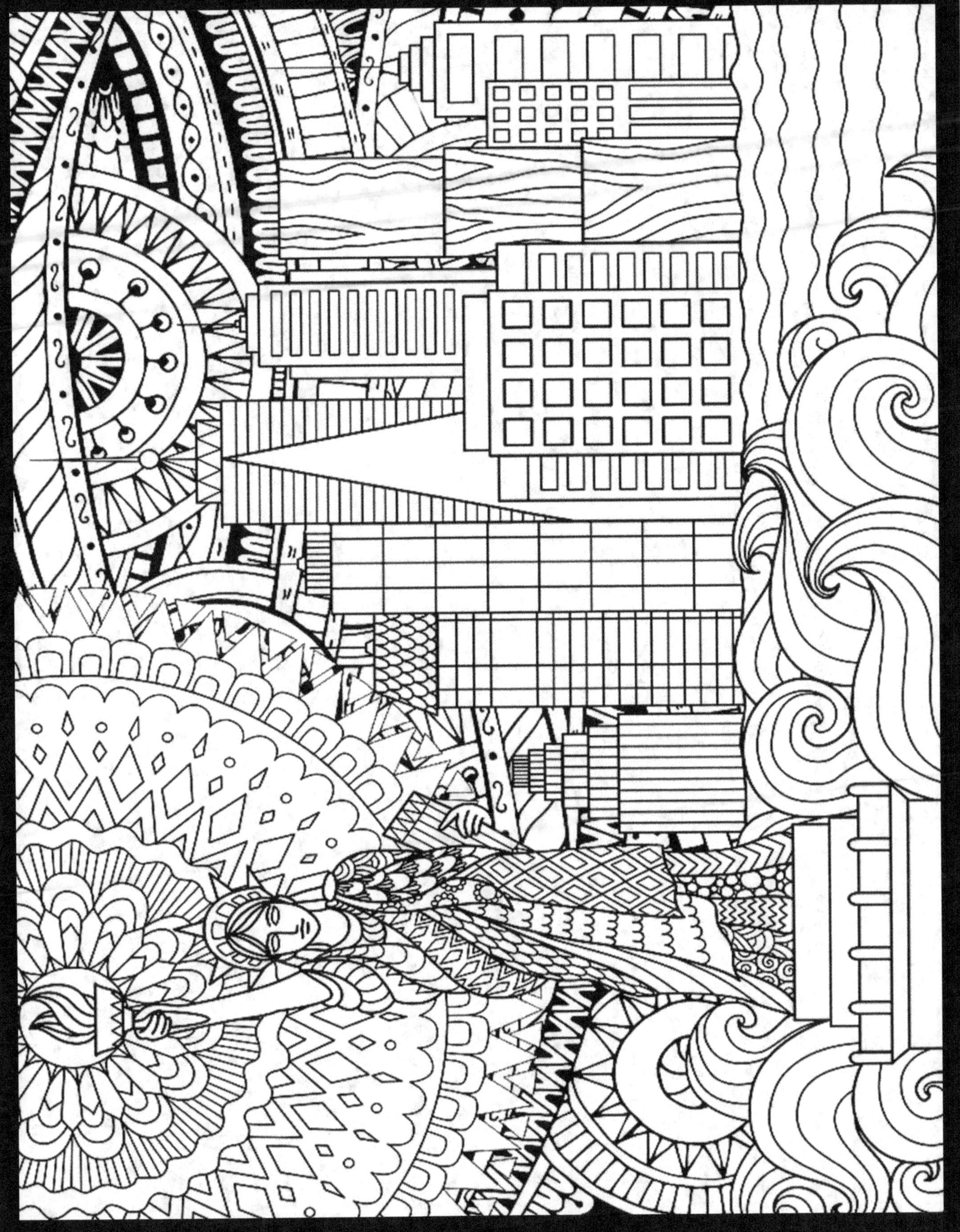

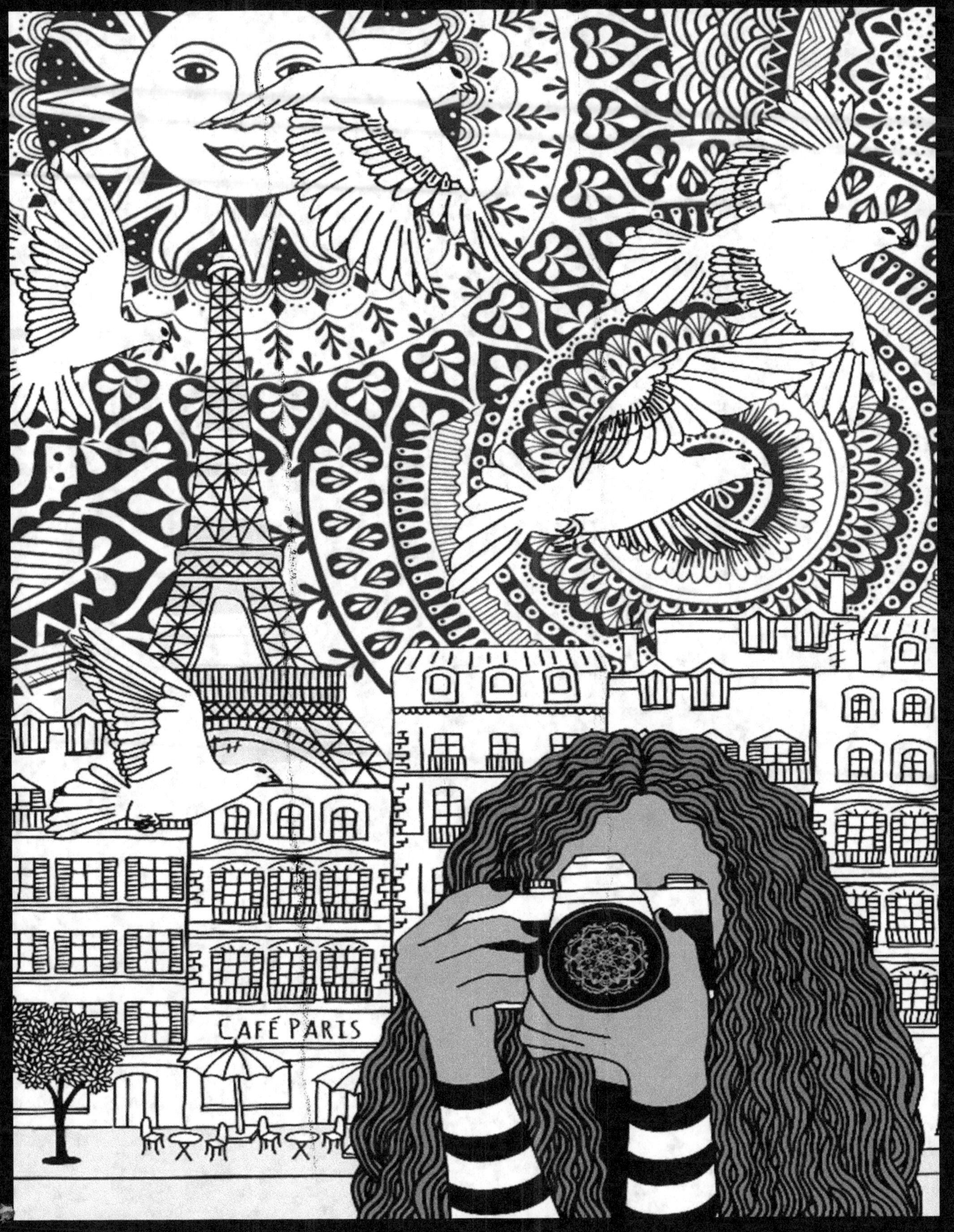
CAFÉ PARIS

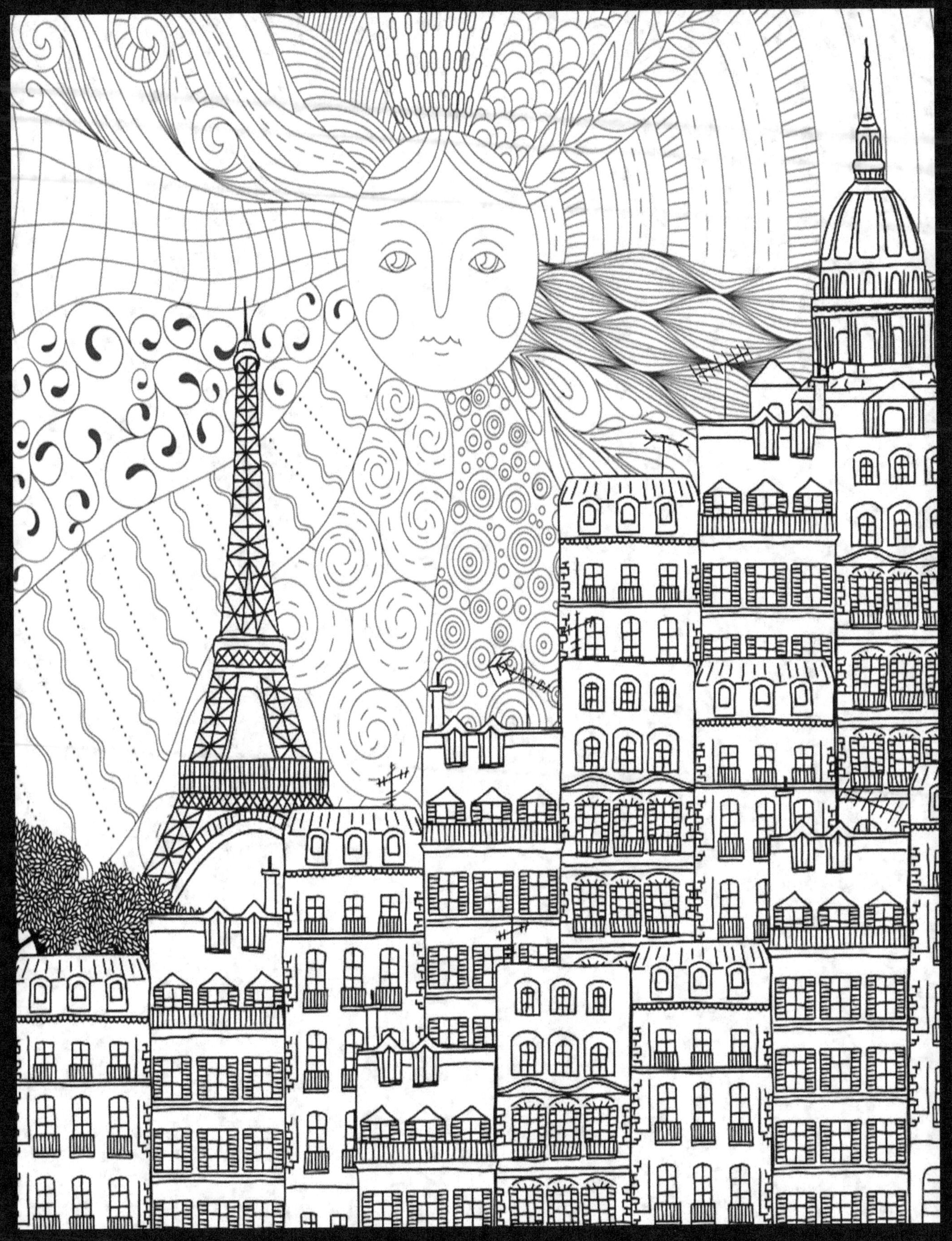

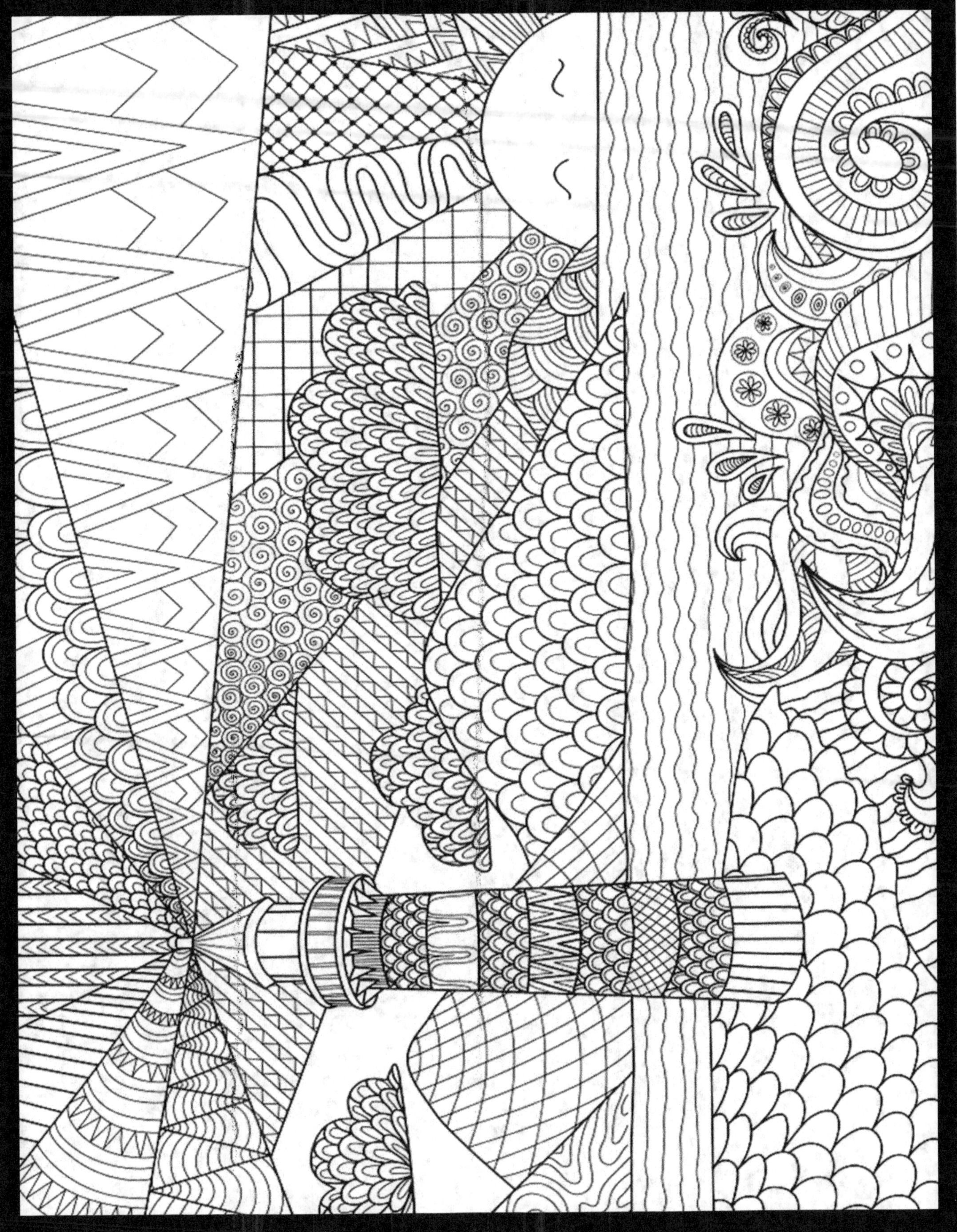

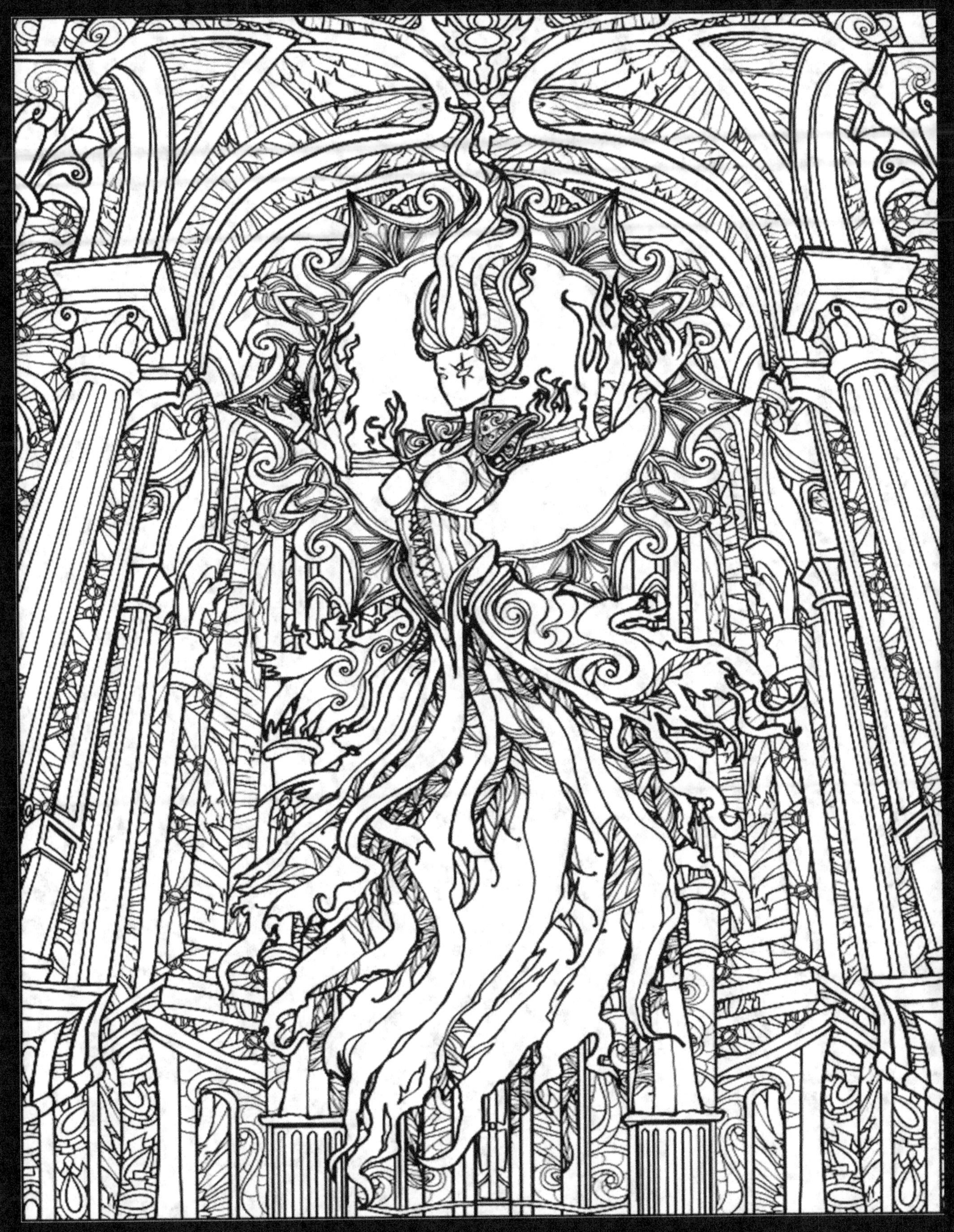

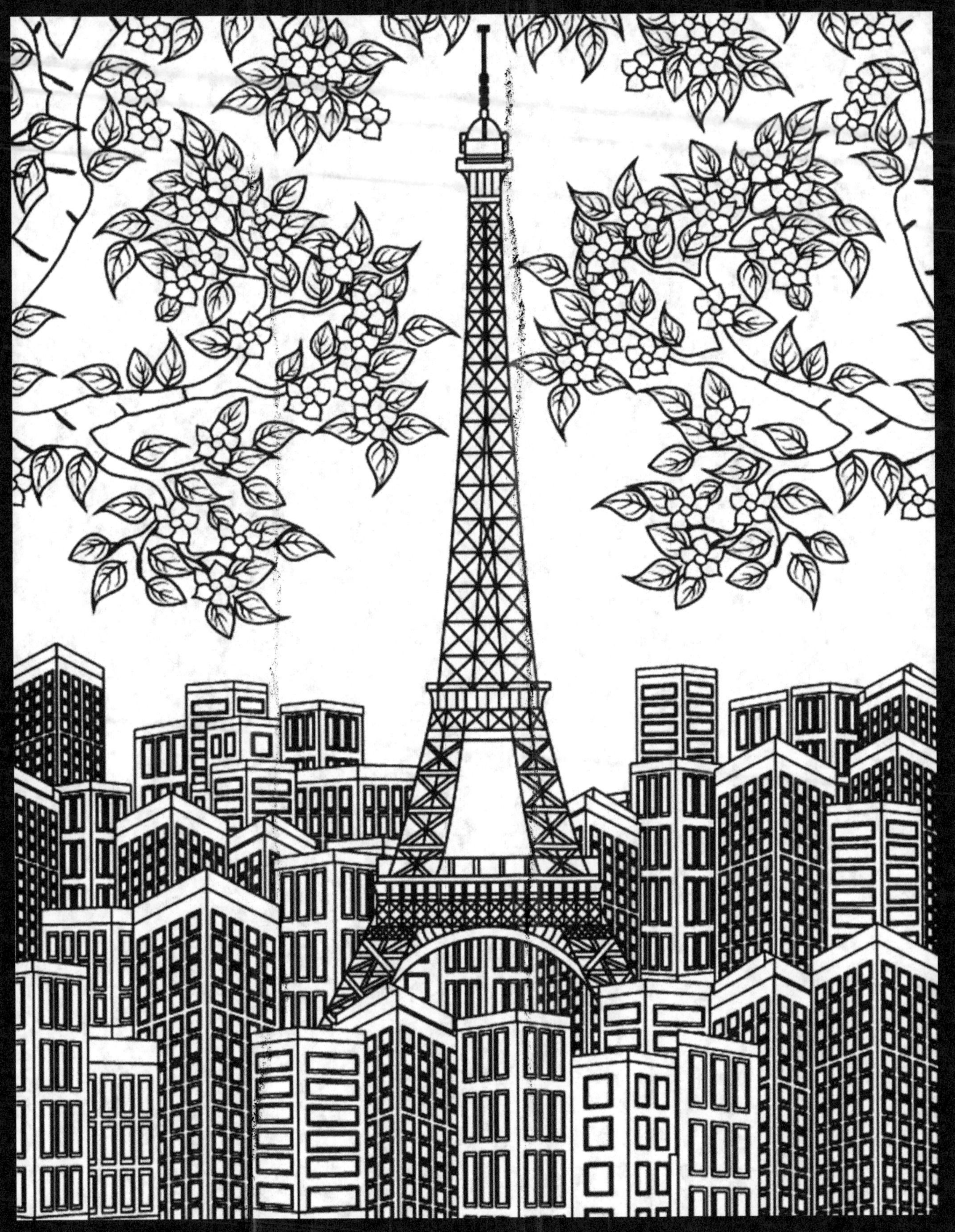

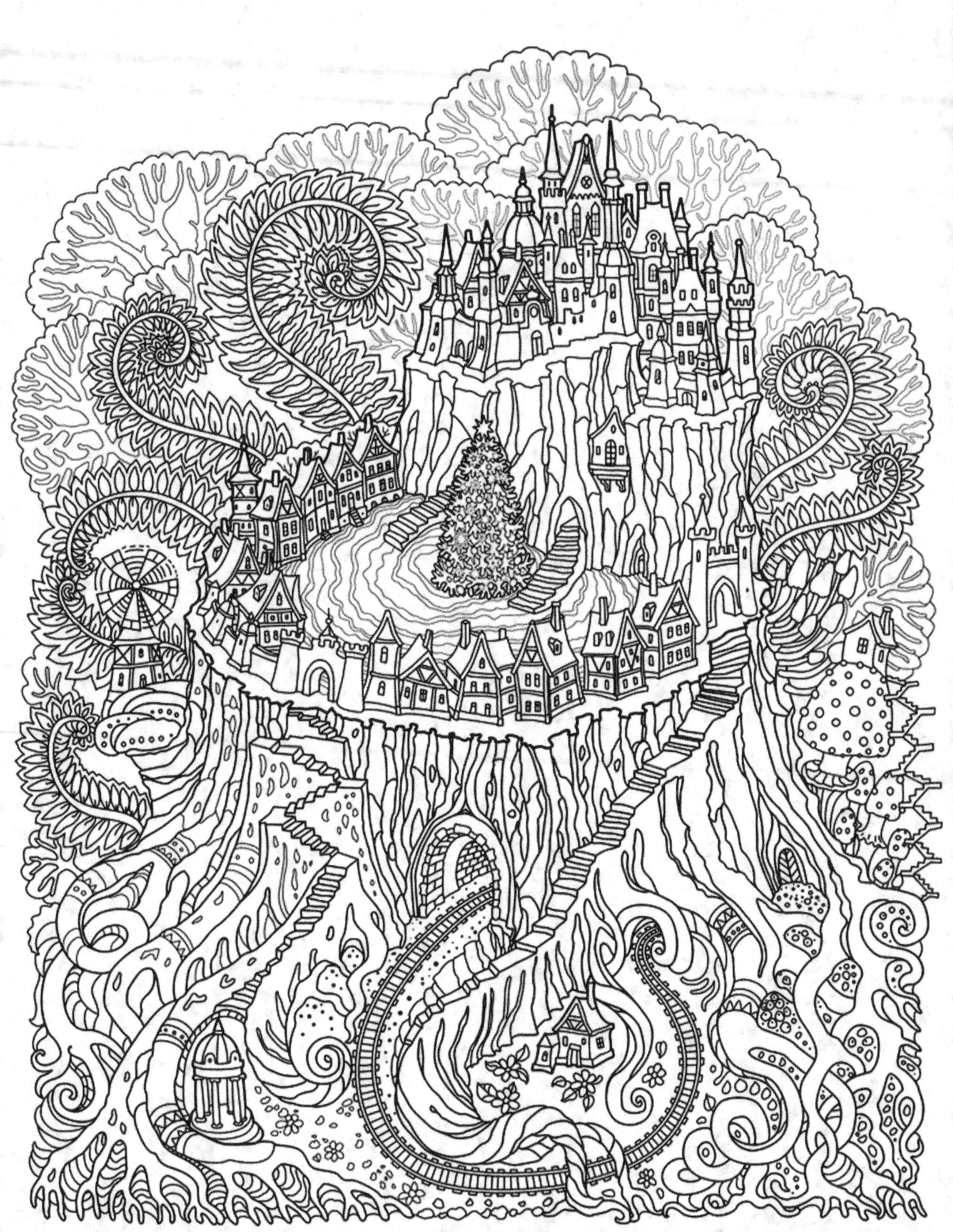

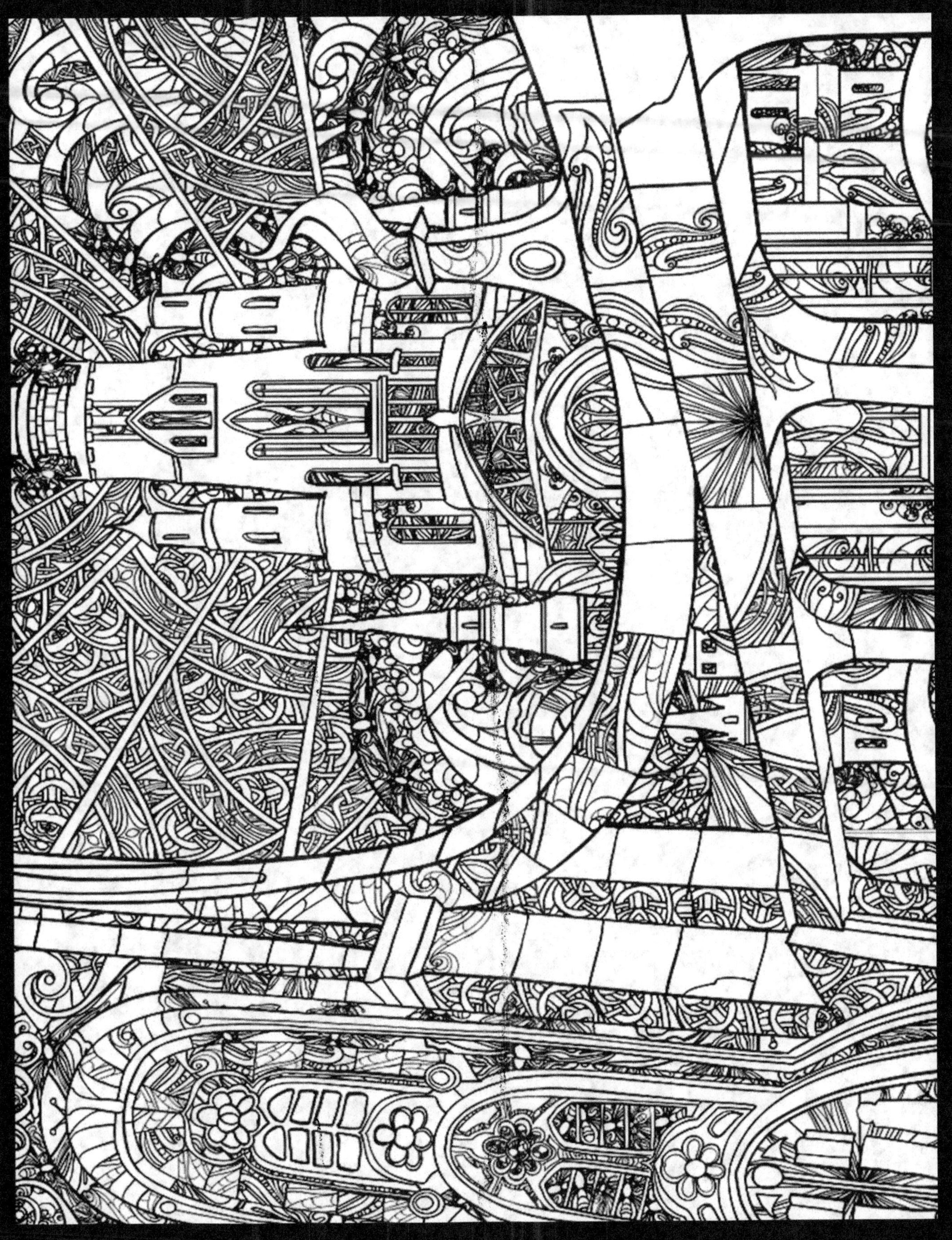

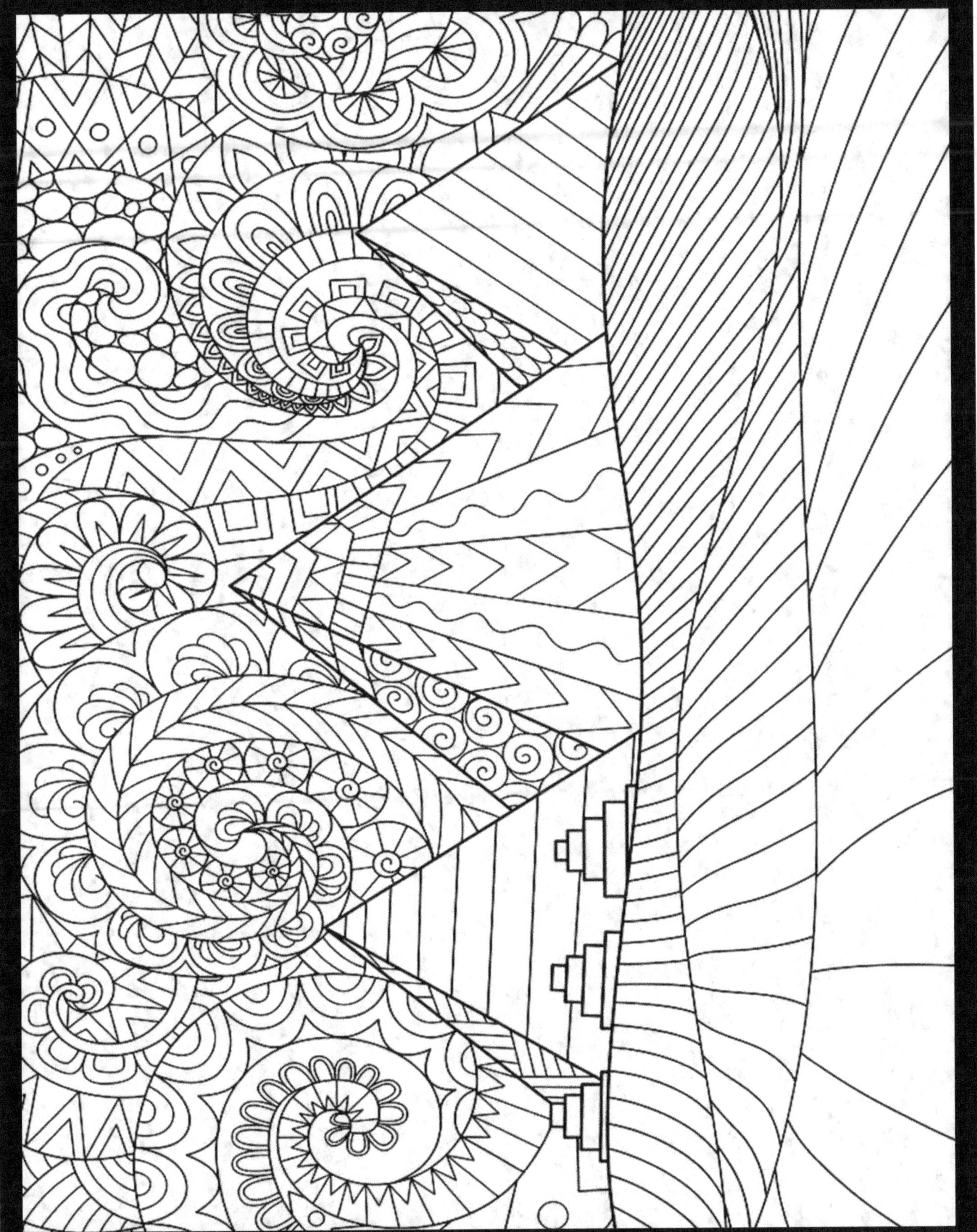

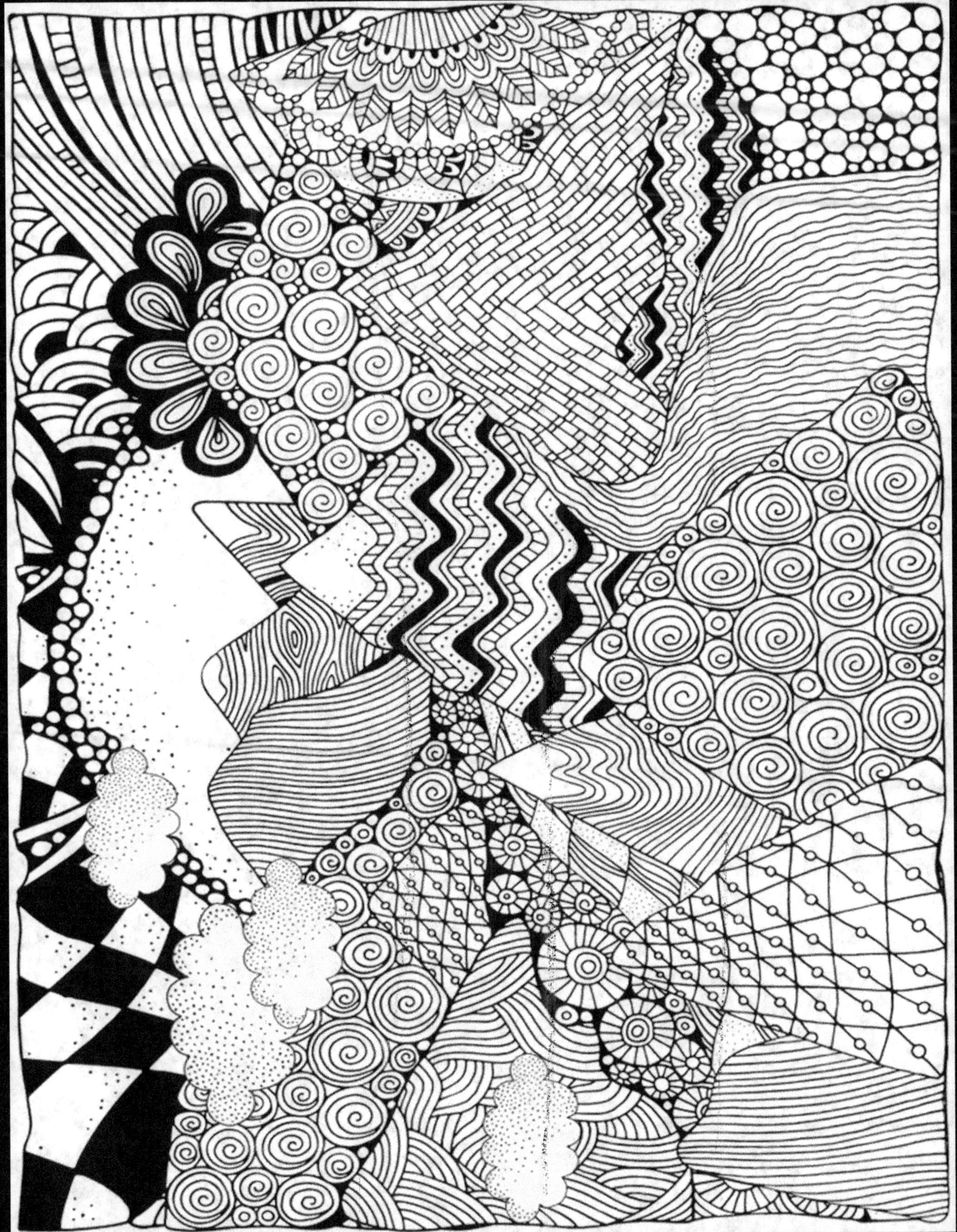

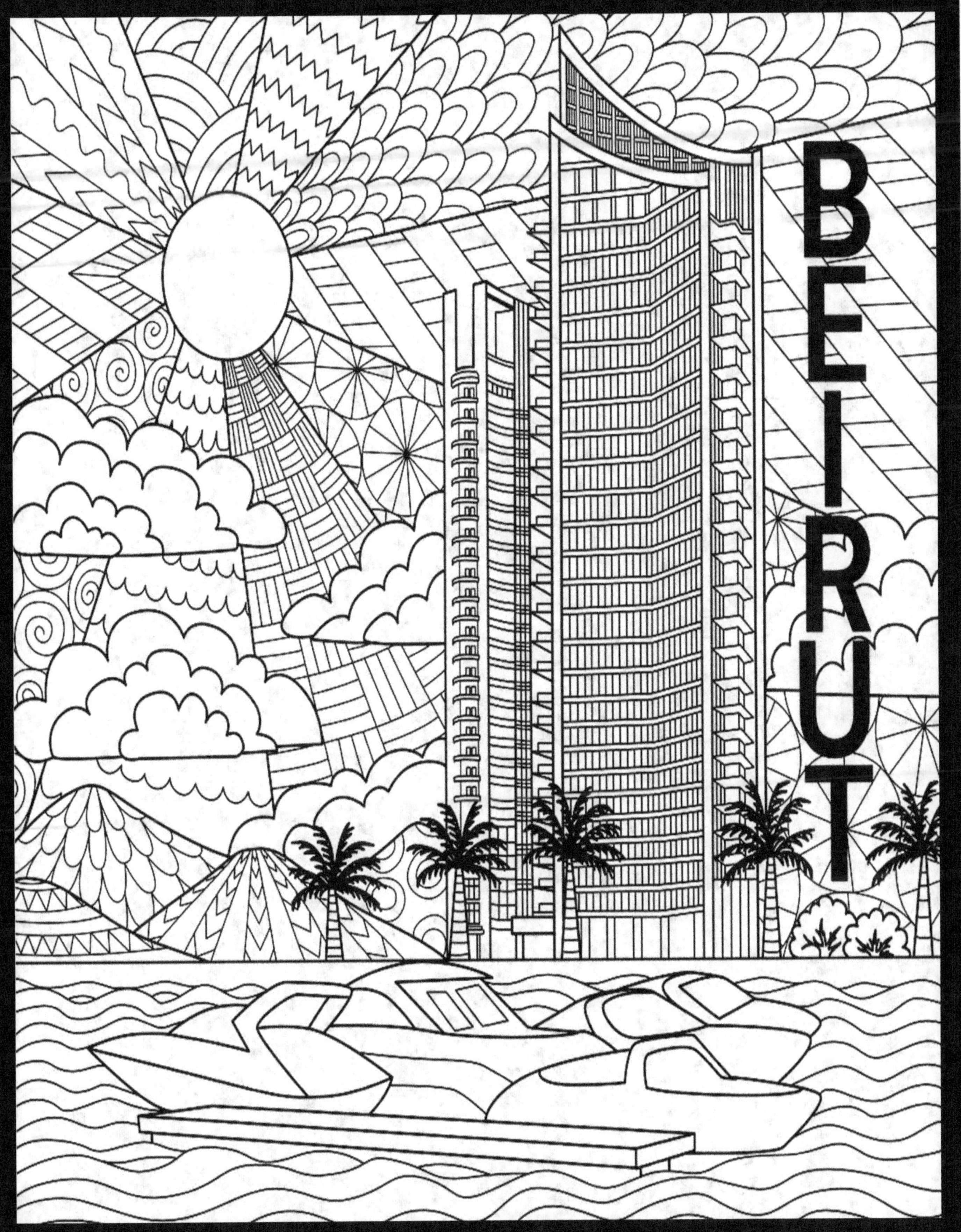

BEIRUT

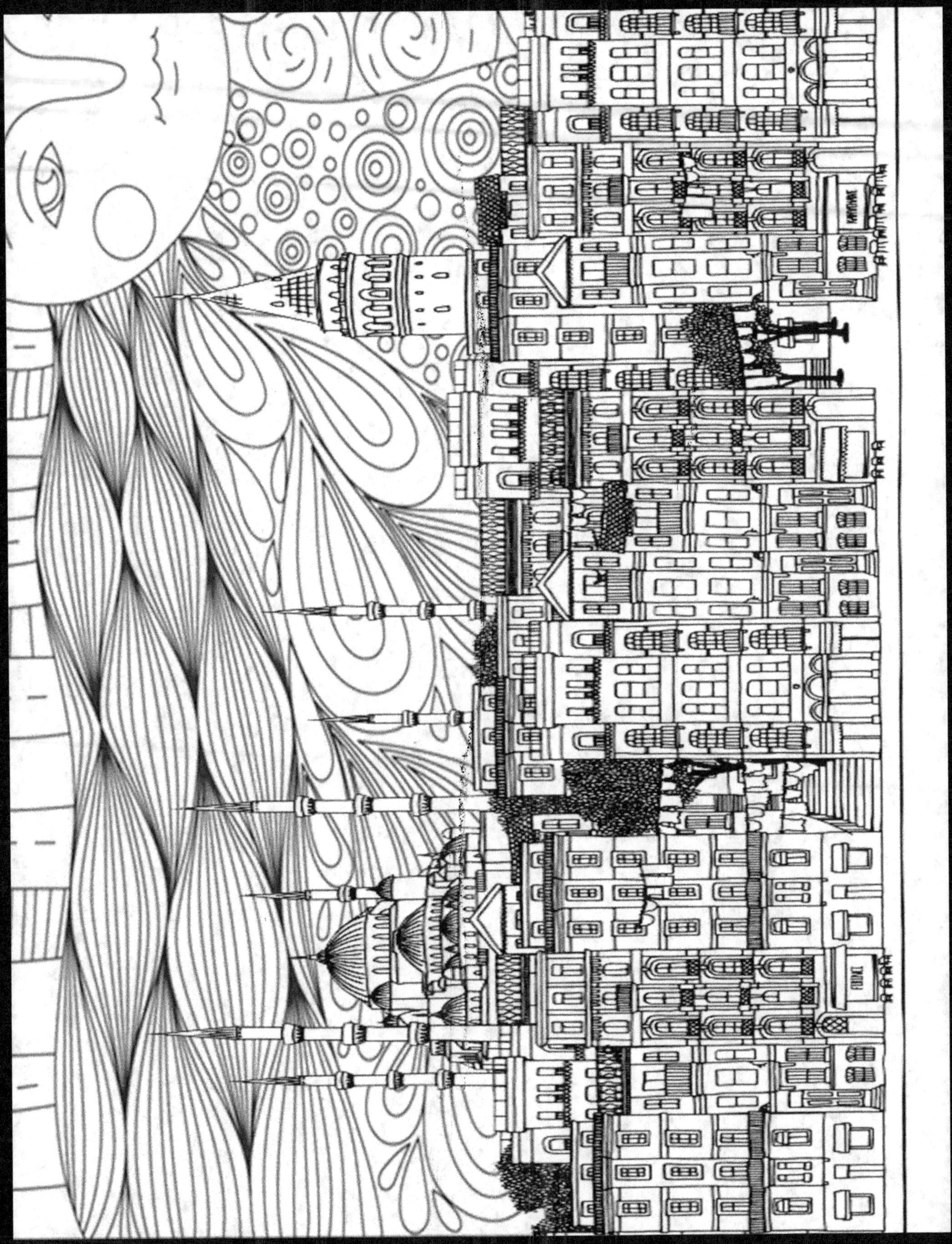

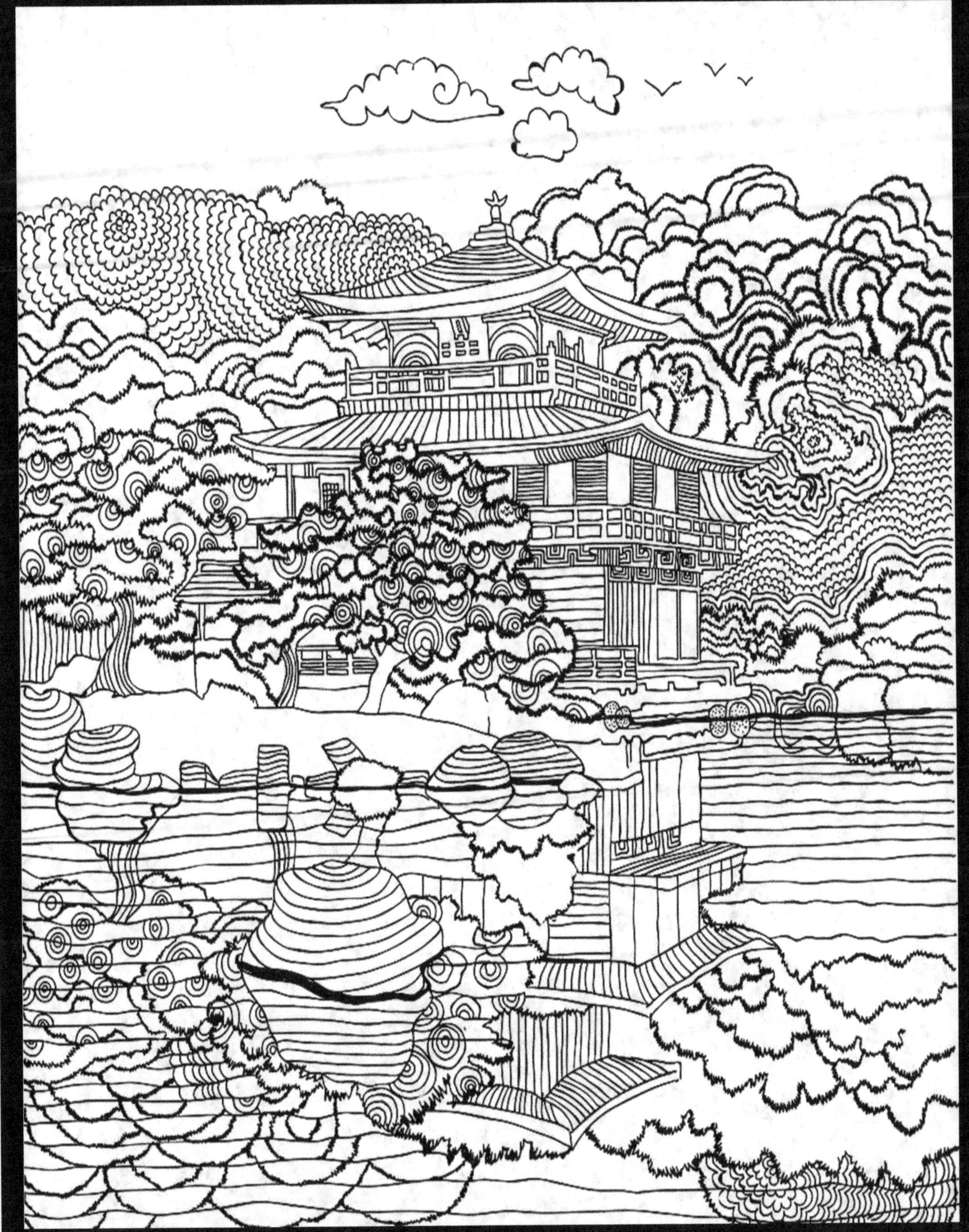

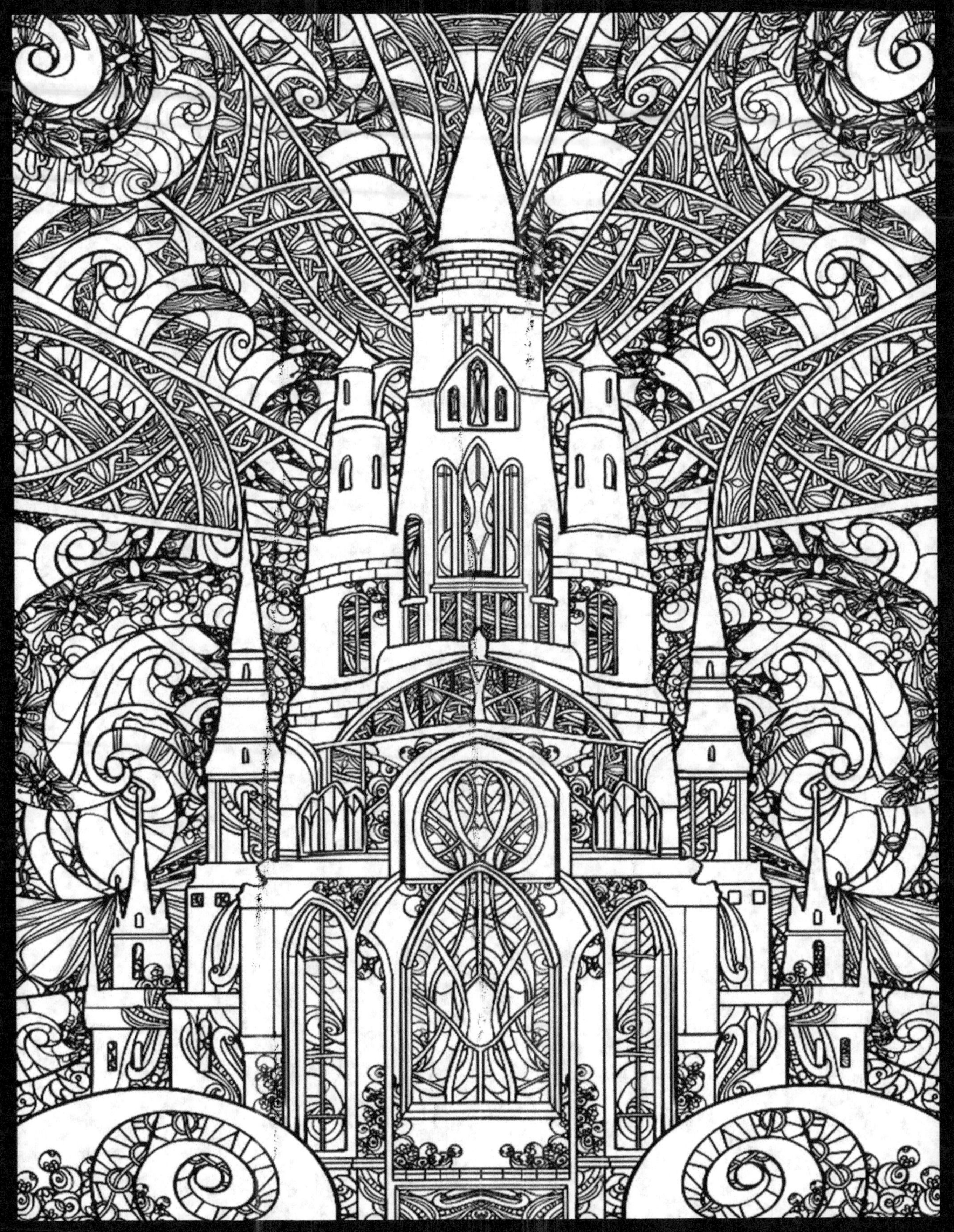

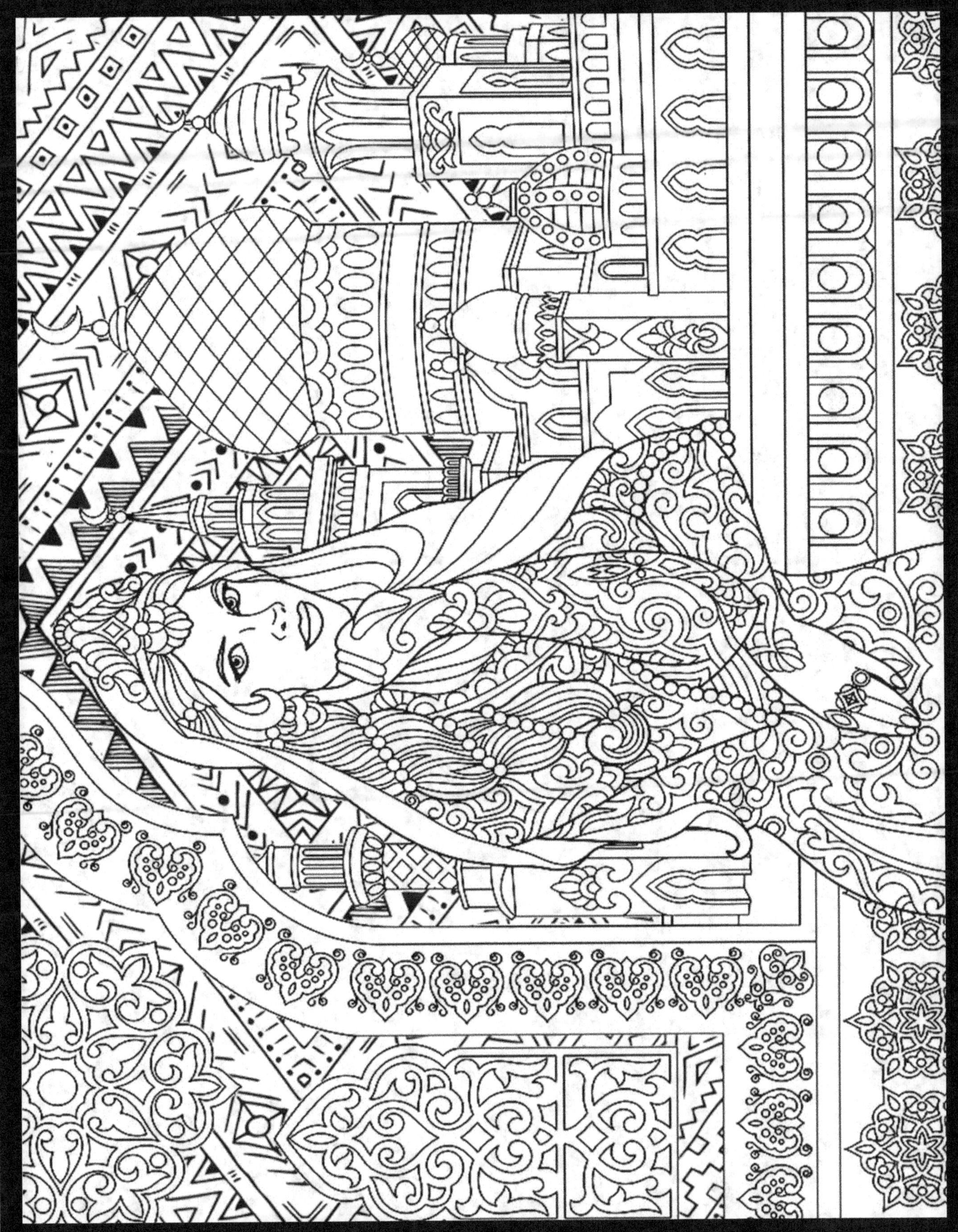

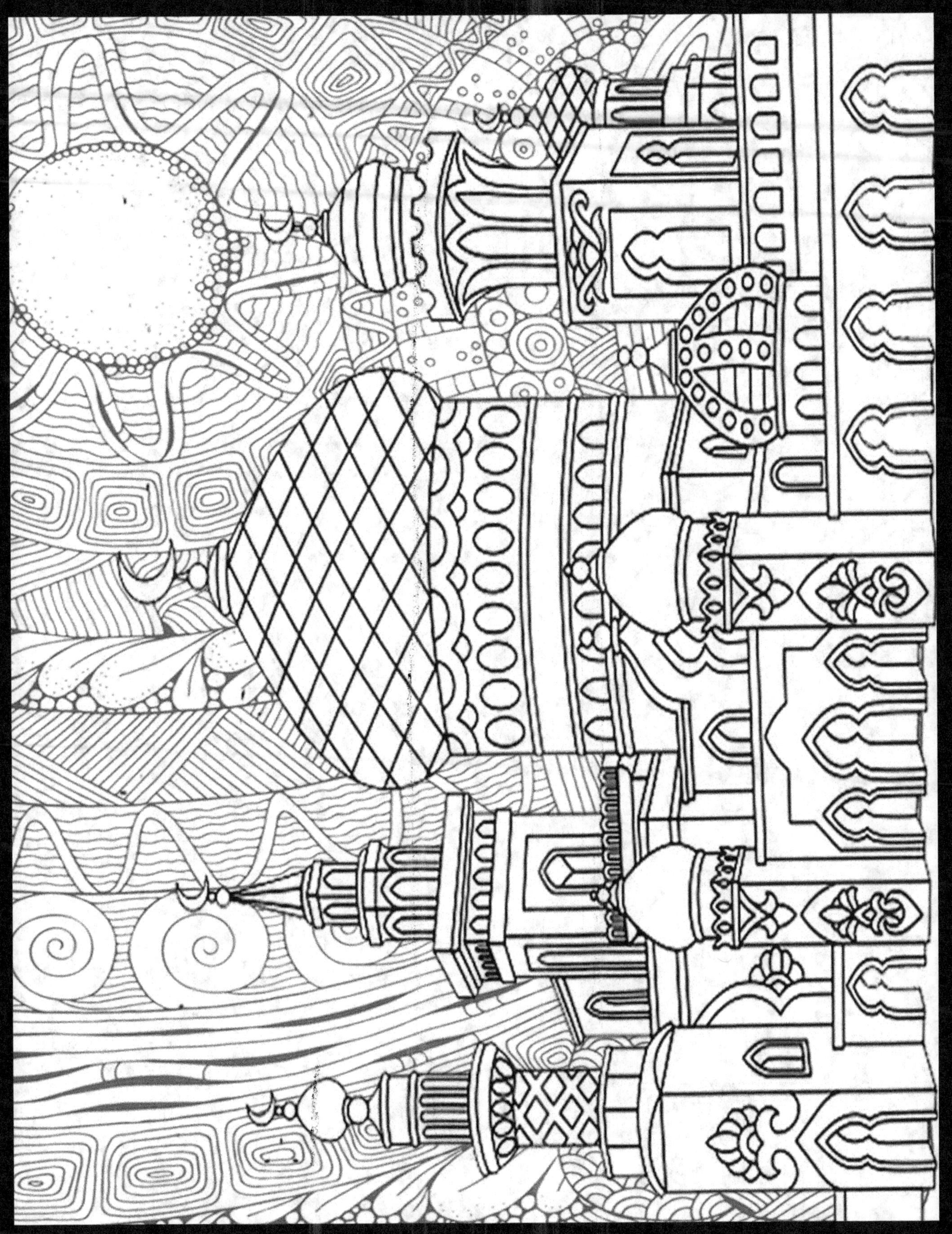

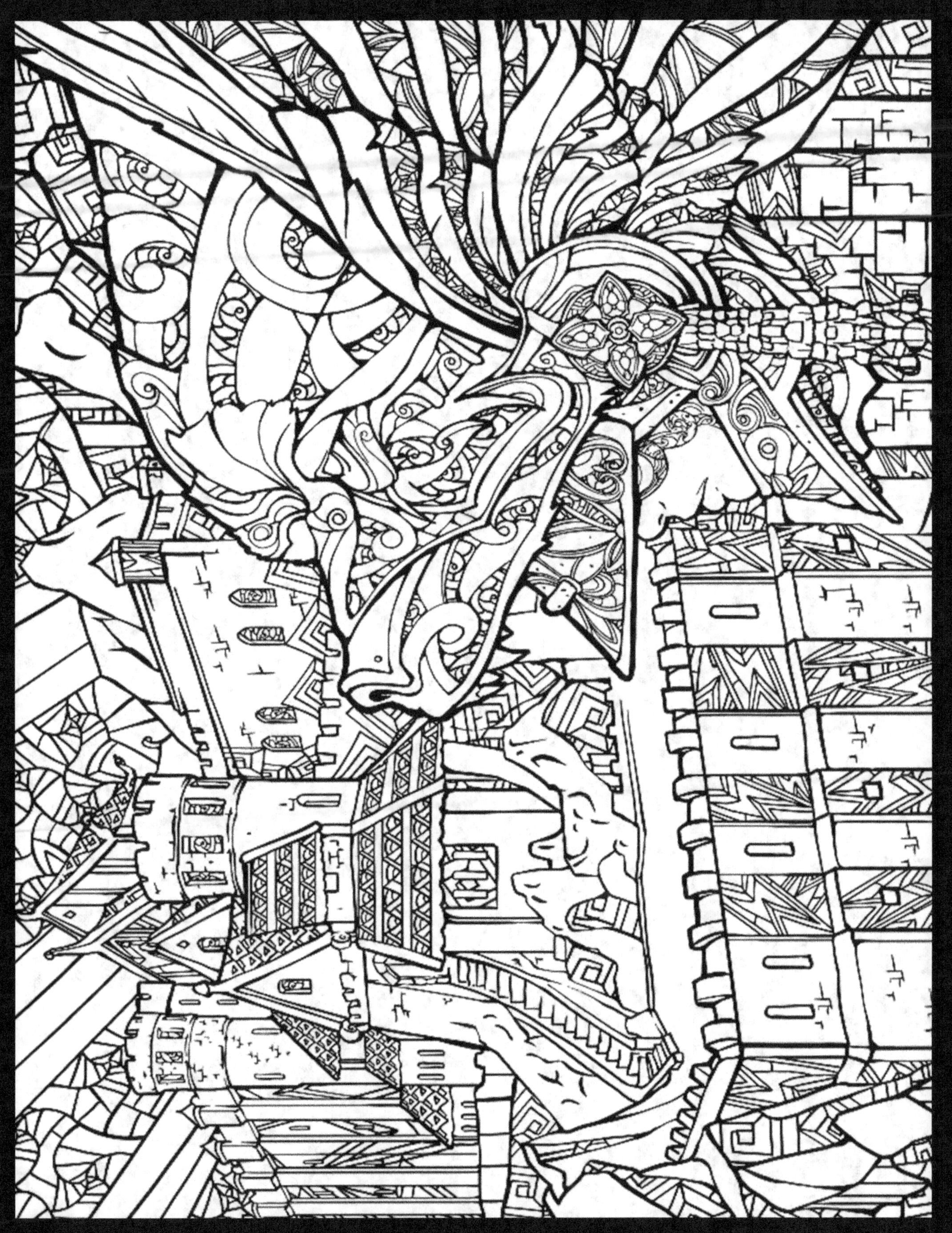

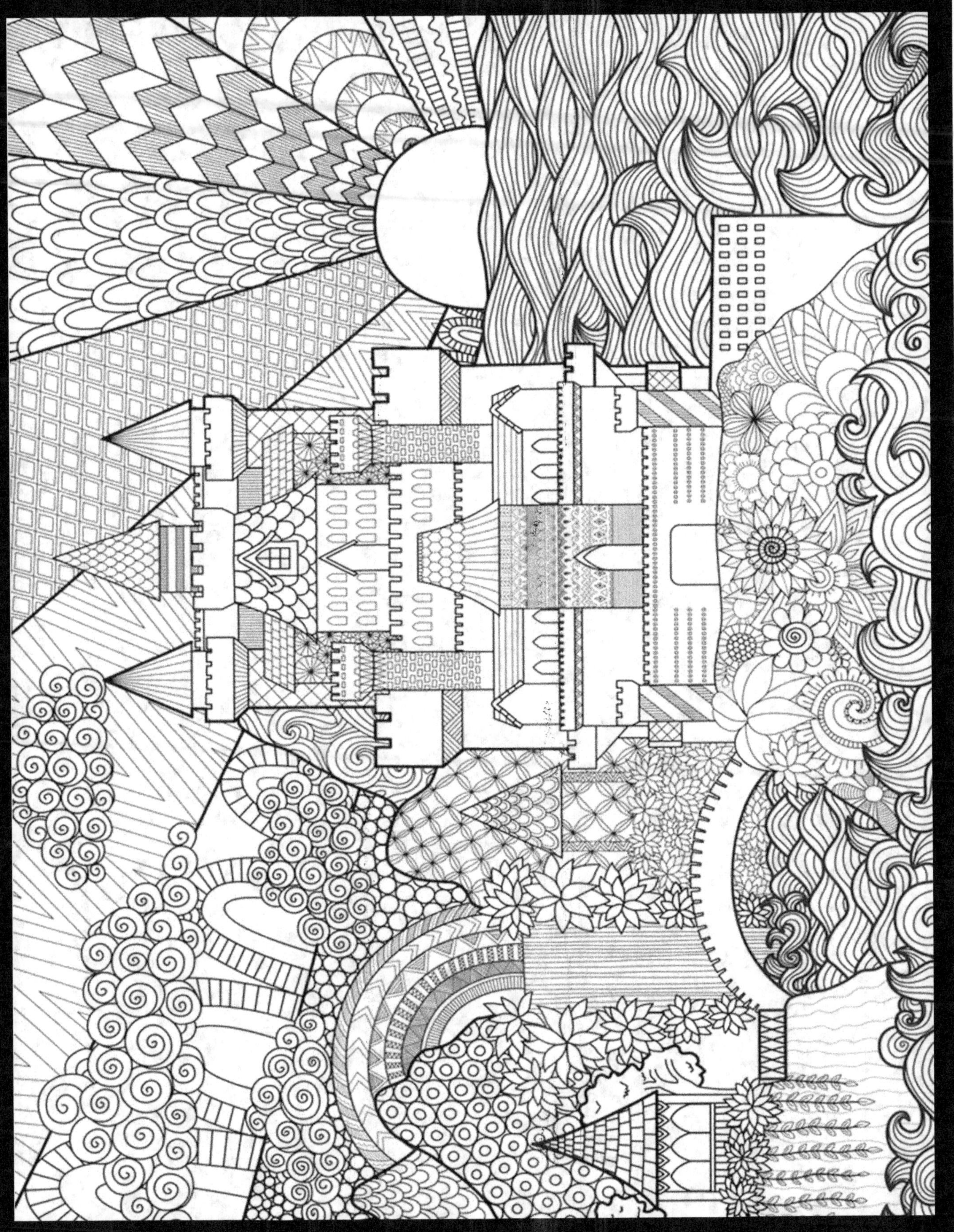

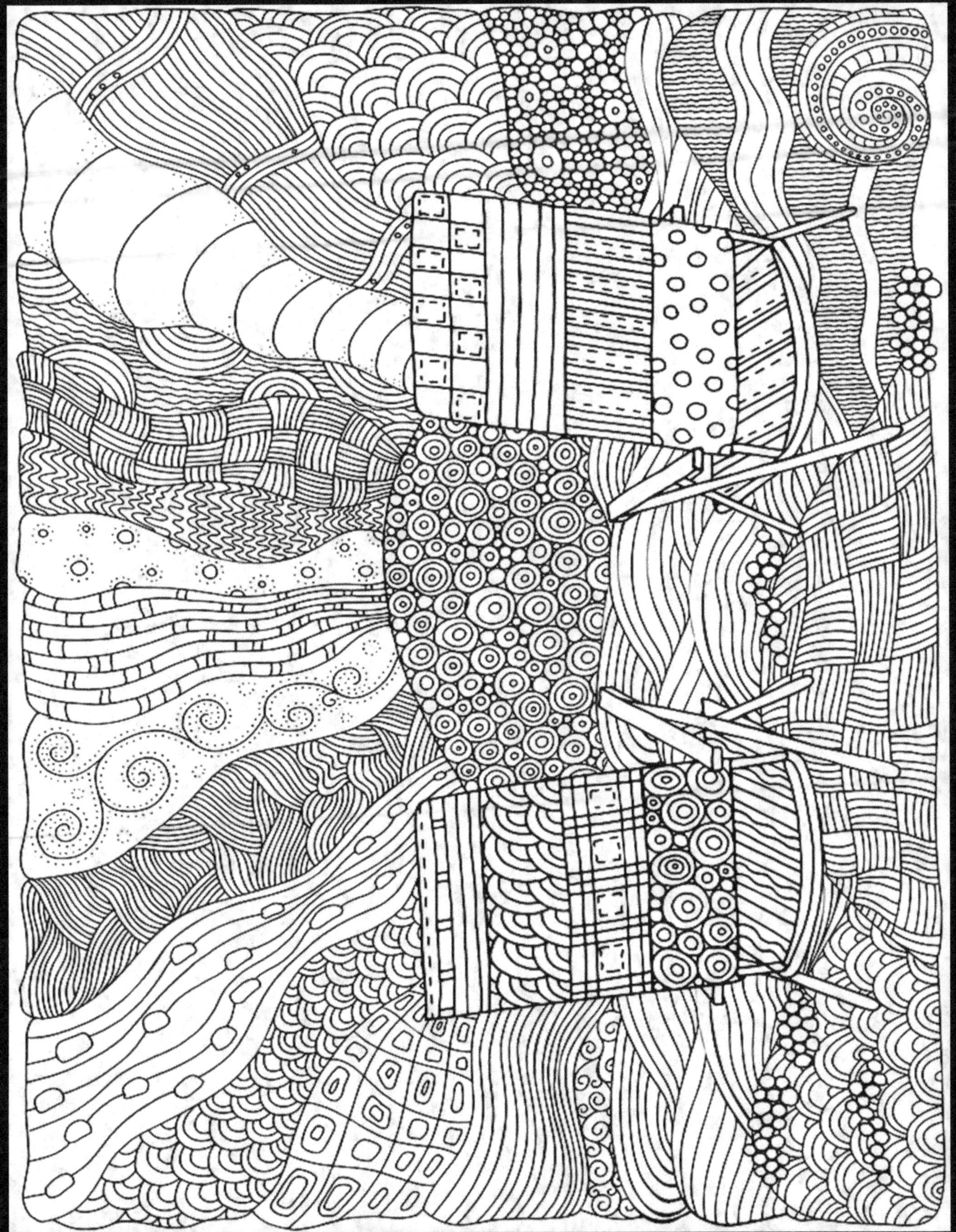

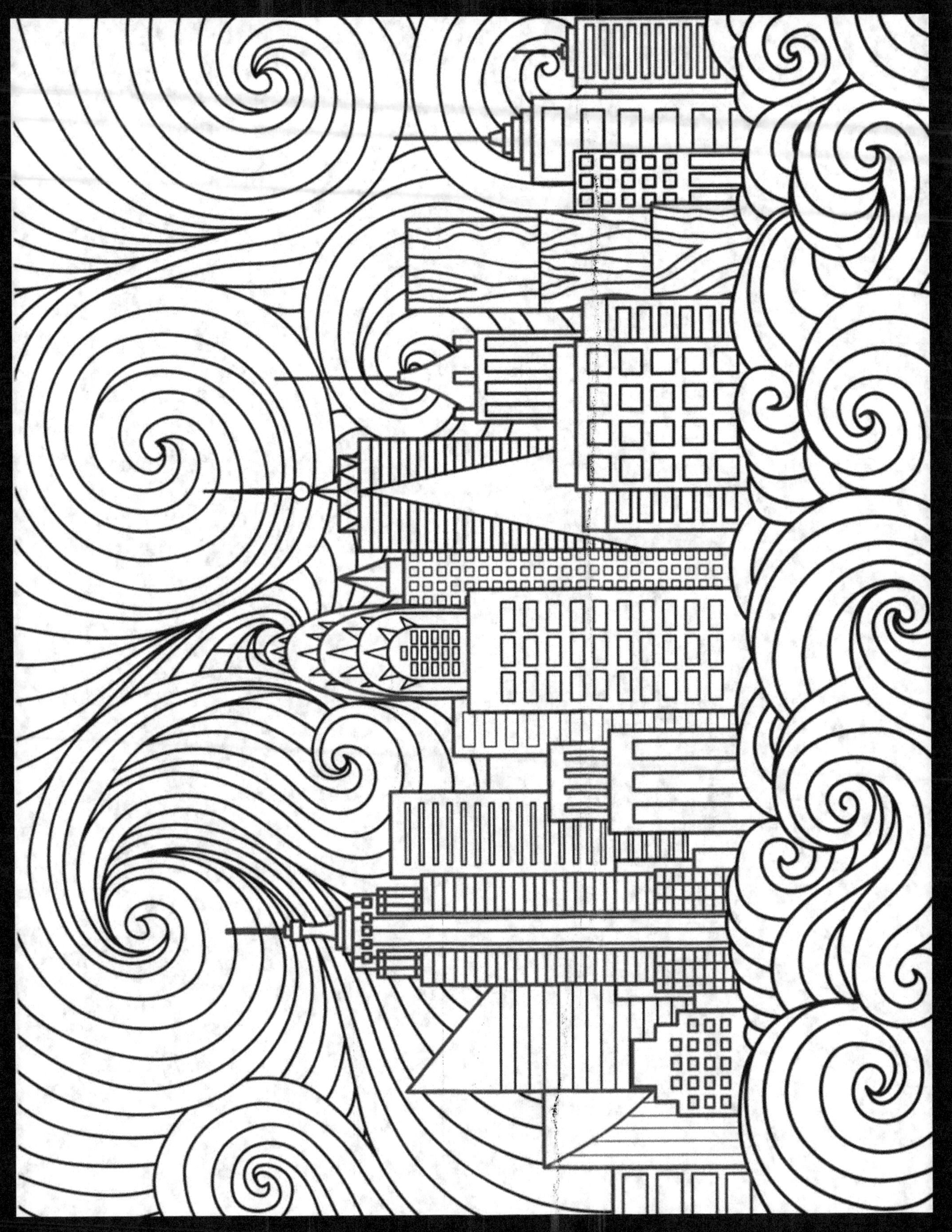

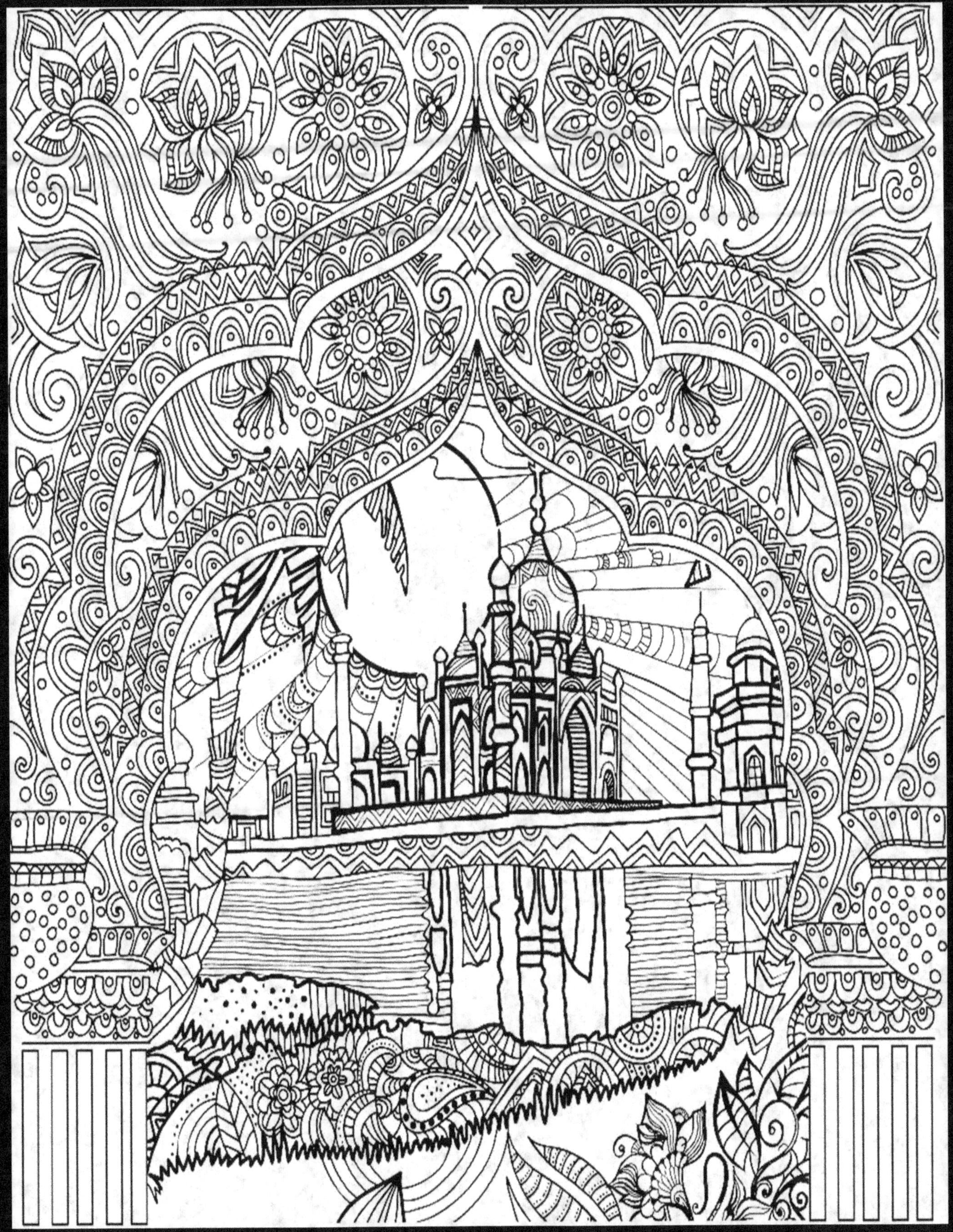

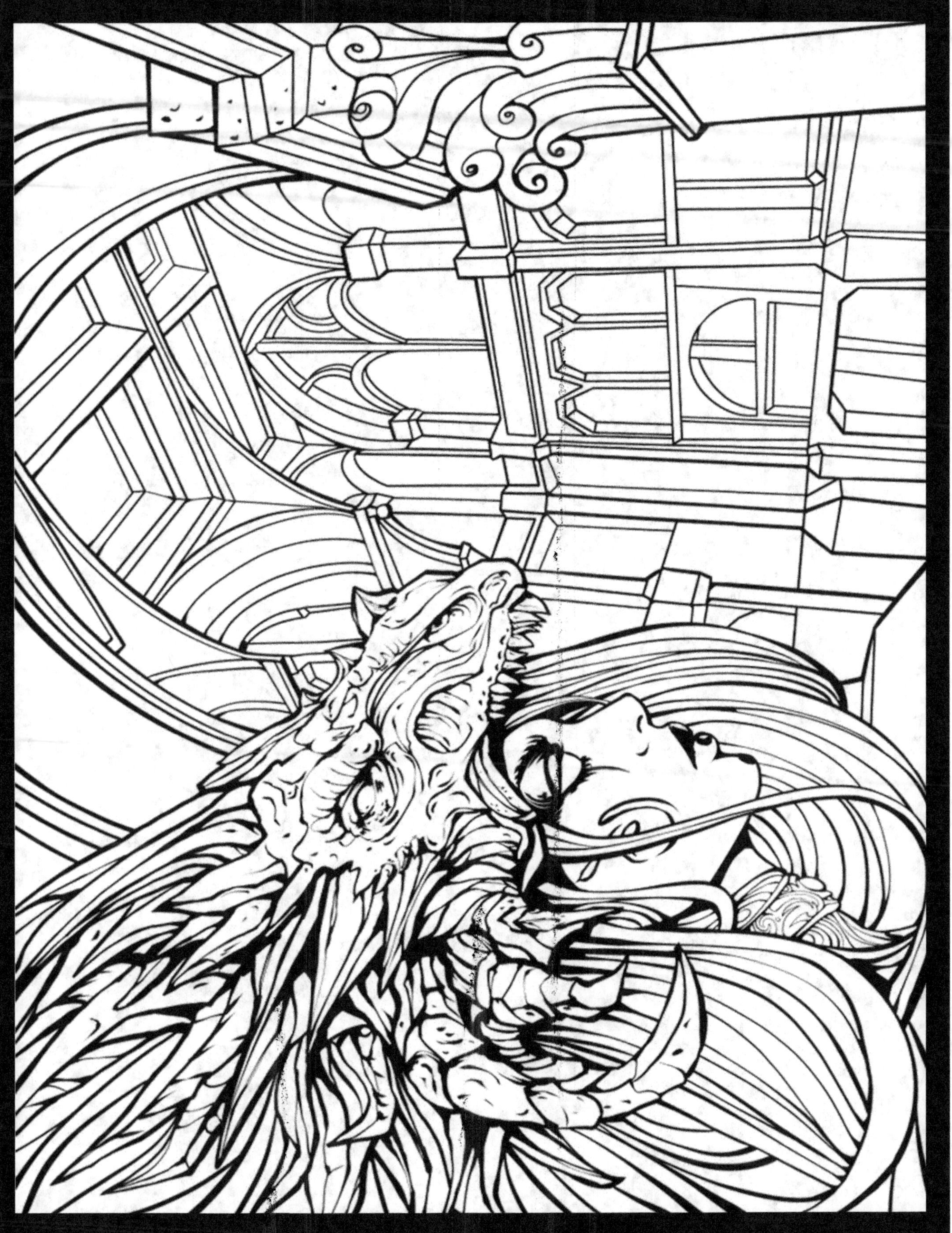

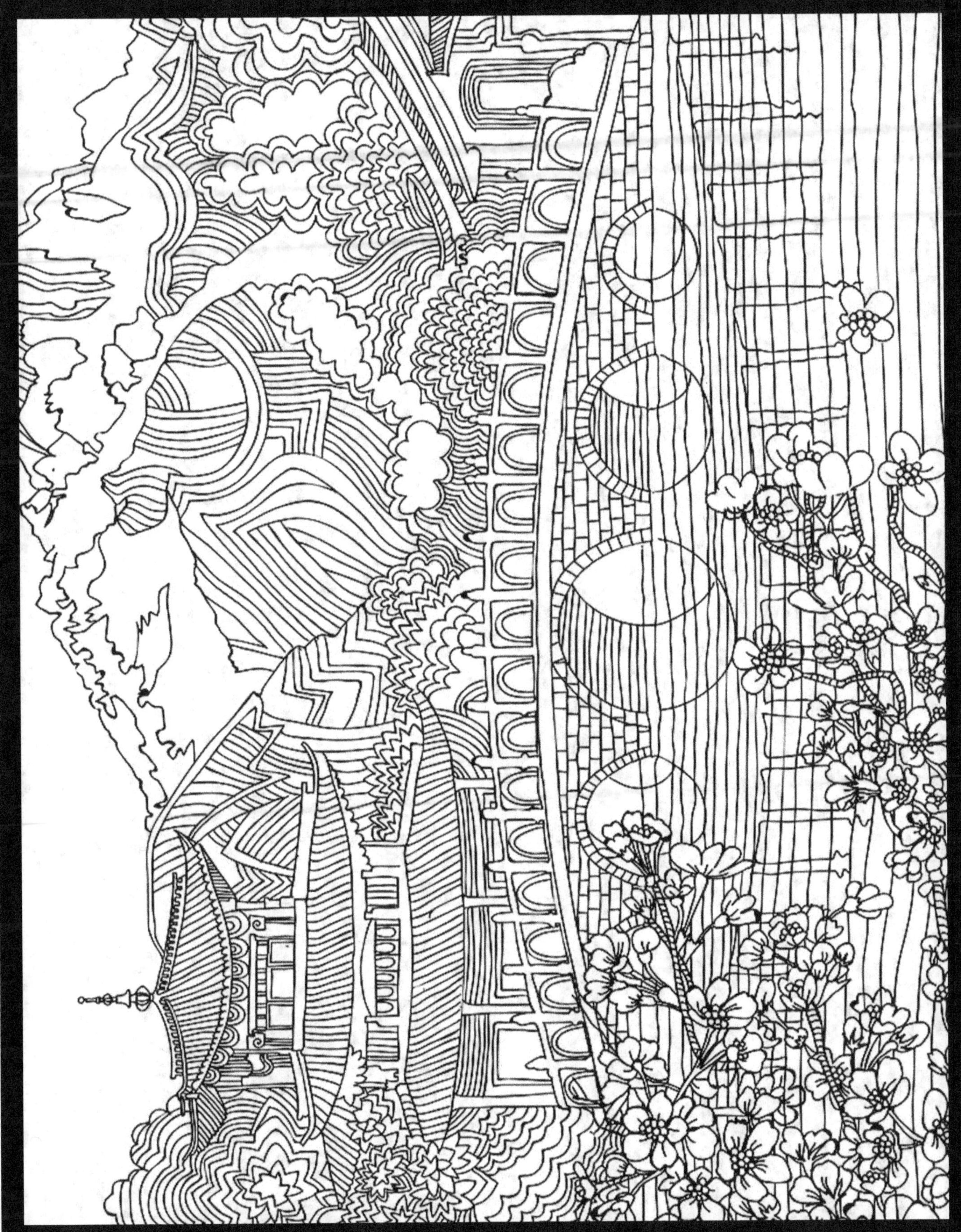

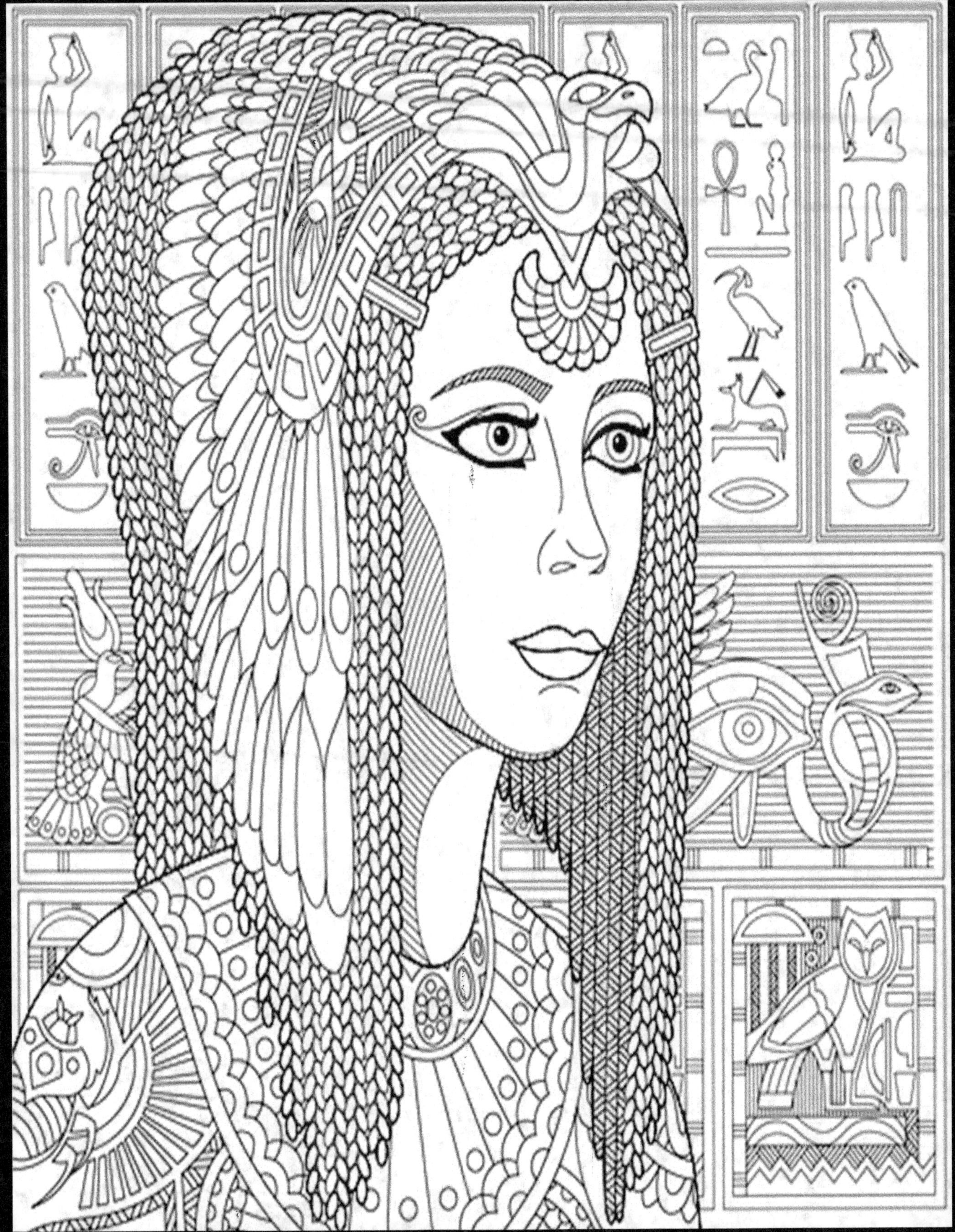

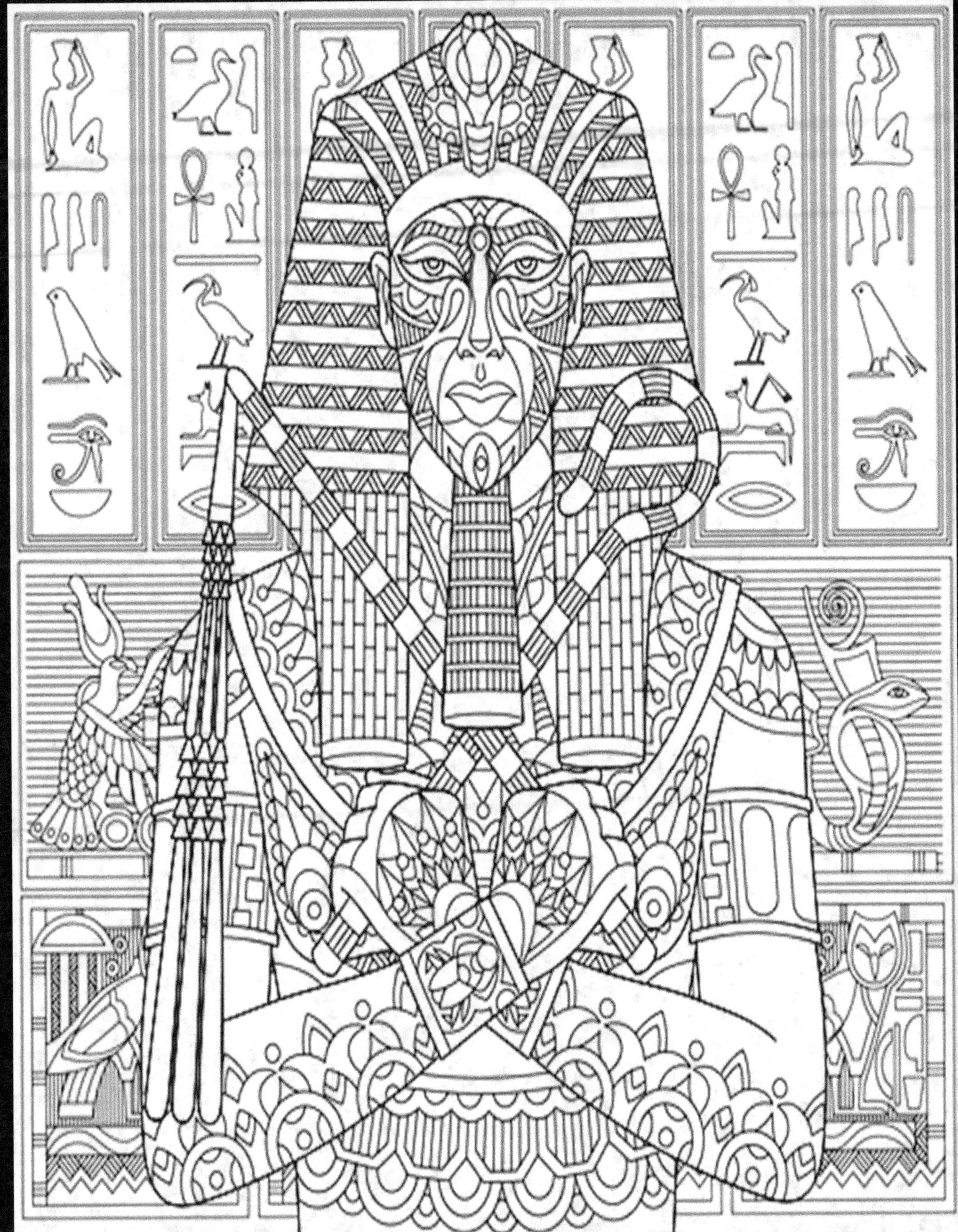

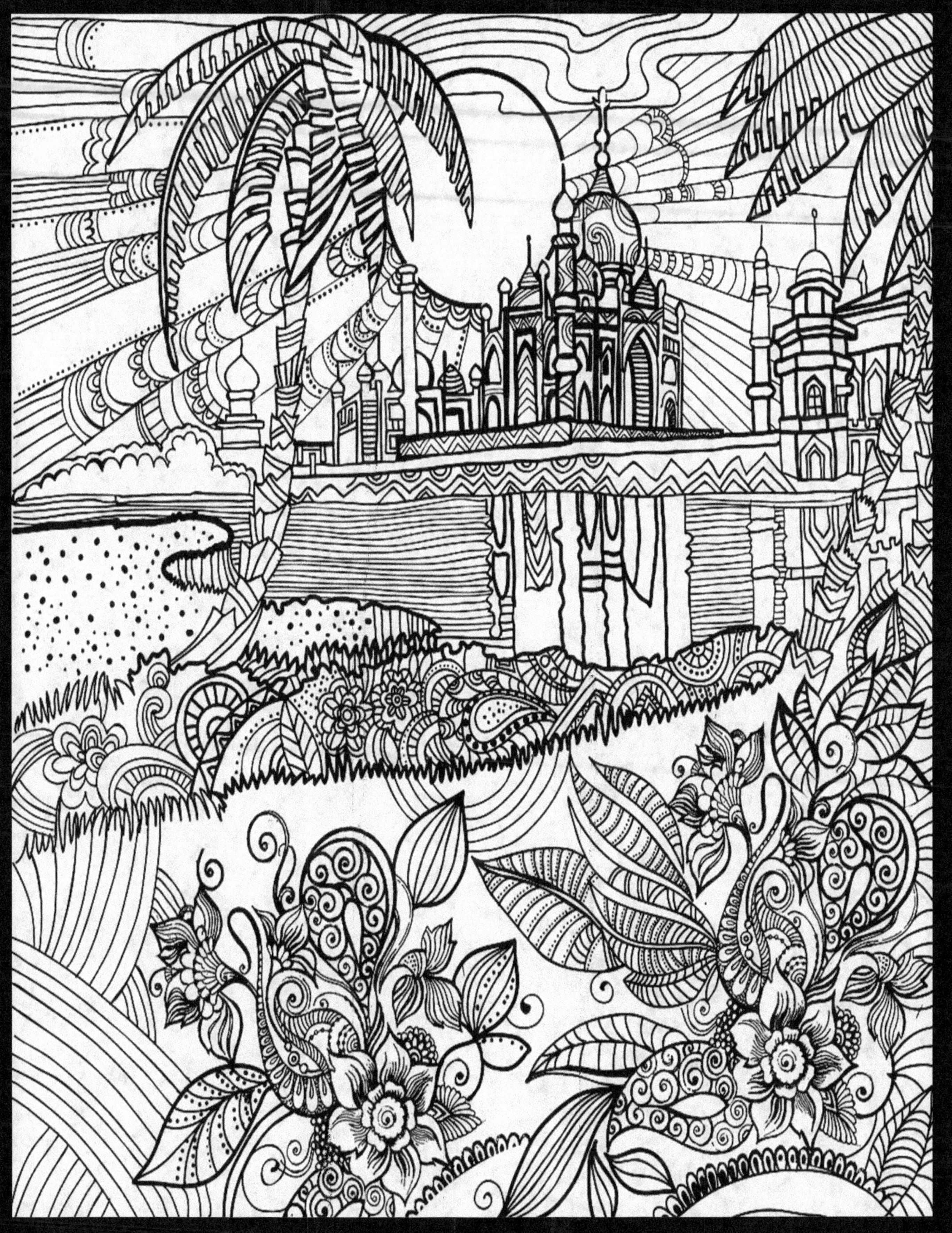

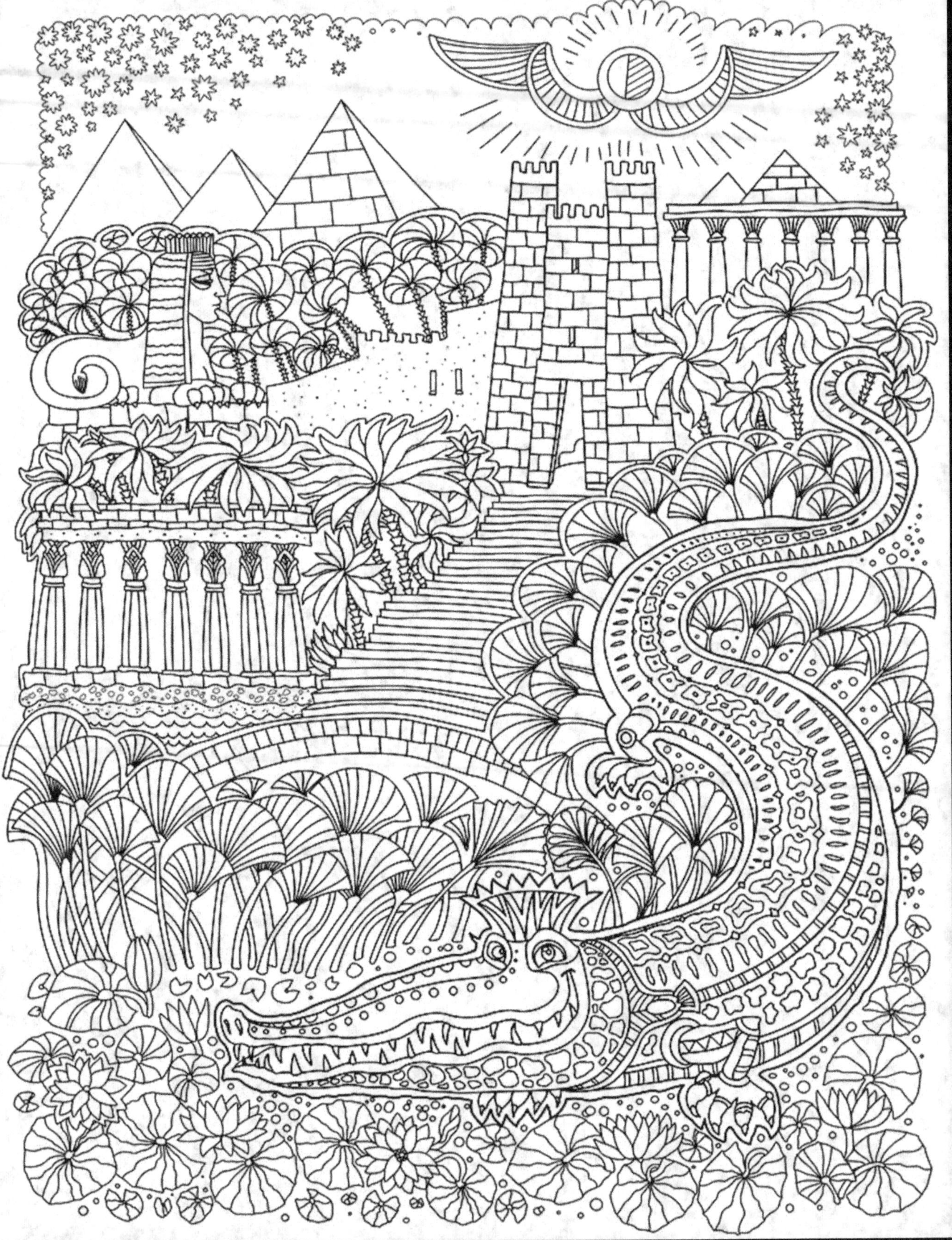

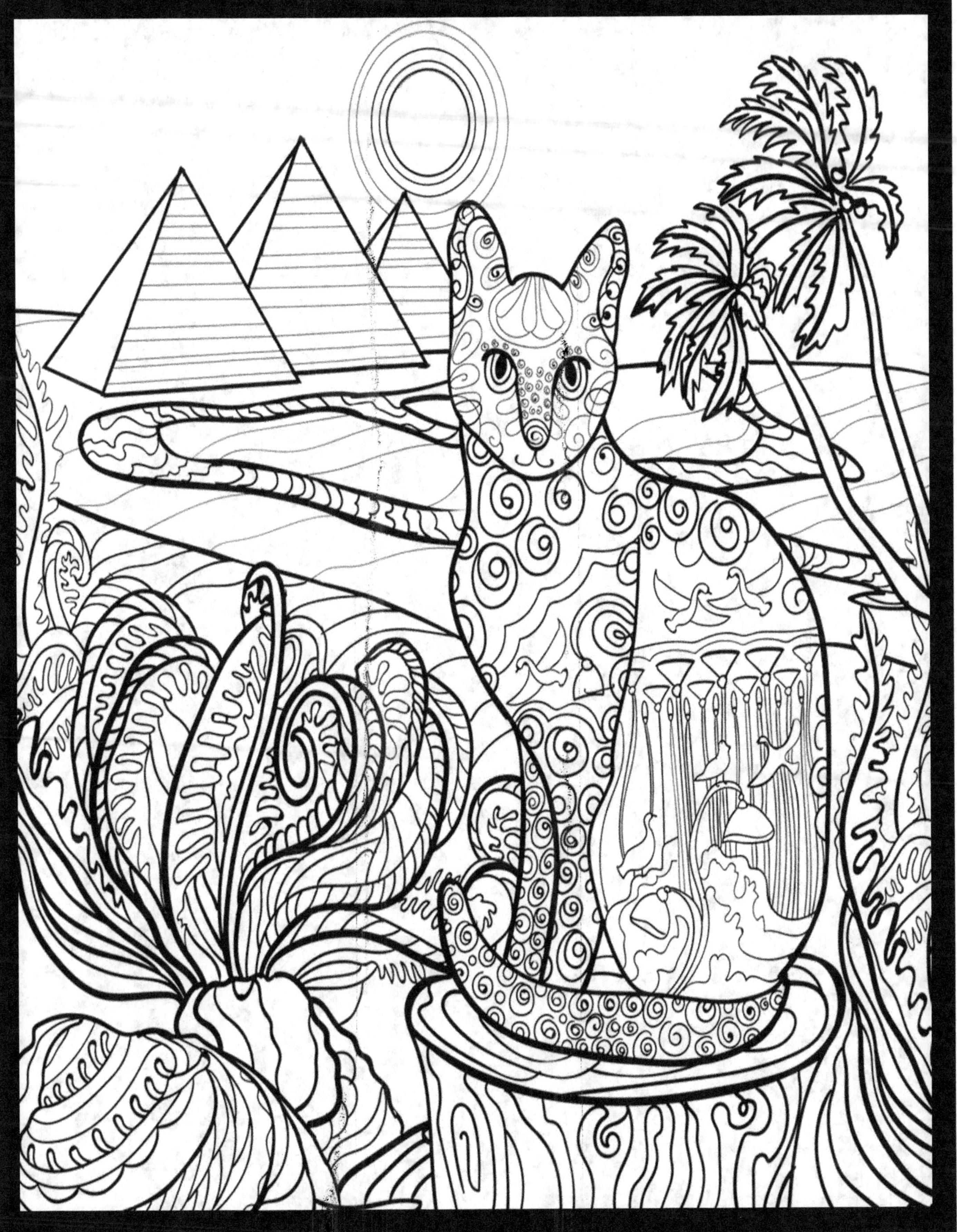

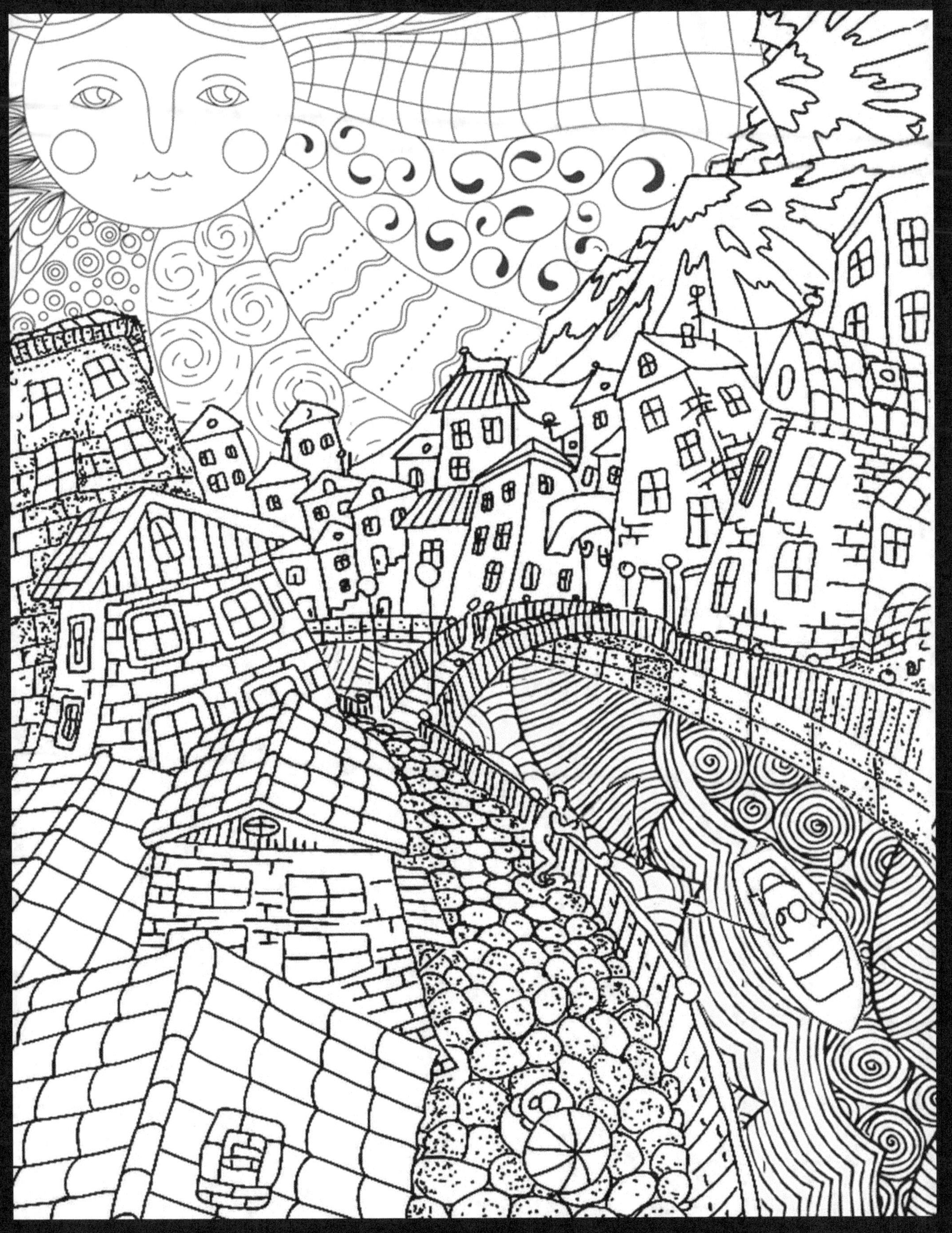